负责任创新（RRI）译丛

译丛主编：陈凡　副主编：曹东溟　姜小慧

Ethical Efficiency
Responsibility and Contingency

伦理效率

责任与偶然性

【法】

维吉尔 · 克里斯蒂安 · 勒努瓦

Virgil Cristian Lenoir

曹东溟

辽宁人民出版社

版权合同登记号06-2020年第101号

图书在版编目（CIP）数据

伦理效率: 责任与偶然性 /（法）维吉尔·克里斯蒂安·勒努瓦（Virgil Cristian Lenoir）著；曹东溟译.—沈阳：辽宁人民出版社，2023.1
（负责任创新（RRI）译丛 / 陈凡主编）

书名原文：Ethical Efficiency: Responsibility and Contingency by Virgil Cristian Lenoir, ISBN 9781848218987

ISBN 978-7-205-10560-0

Ⅰ.①伦… Ⅱ.①维… ②曹… Ⅲ.①科学哲学—伦理学—研究 Ⅳ.①N02

中国版本图书馆 CIP 数据核字（2022）第 165929 号

出版发行：辽宁人民出版社
　　　　　地址：沈阳市和平区十一纬路 25 号　邮编：110003
　　　　　电话：024-23284321（邮　购）　024-23284324（发行部）
　　　　　传真：024-23284191（发行部）　024-23284304（办公室）
　　　　　http://www.lnpph.com.cn
印　　刷：辽宁新华印务有限公司
幅面尺寸：145mm×210mm
印　　张：5.5
字　　数：125千字
出版时间：2023 年 1 月第 1 版
印刷时间：2023 年 1 月第 1 次印刷
责任编辑：阎伟萍　孙　雯
装帧设计：留白文化
责任校对：吴艳杰
书　　号：ISBN 978-7-205-10560-0
定　　价：58.00元

序　言

　　书如其名，本书内容引人入胜。事实上，相较于许多既对哲学，也对创新、研发与责任之间关系的研究有影响的观点而言，本书提出的观点相当不同，甚至有些背道而驰的意味：首先，效率（efficiency）与伦理学并不对立；其次，效率蕴含着伦理的维度；最后，效率的伦理潜力是可以获得承认与发展的。书的副标题指明了讨论内容会涉及责任与偶然性结合的问题。由此可见，关于上述三个问题的回答都将与偶然性问题有关，并将就此提供认真的、深思熟虑的解决进路。

　　我很高兴，出于偶然的非技术性原因，由维吉尔·克里斯蒂安·勒努瓦（Virgil Cristian Lenoir）的这本书作为本套丛书的开篇。首先，他曾经就如何针对负责任的研究与创新（RRI）来制定科学管理政策、旧有企业的社会责任等问题进行过讨论，尤其是对哲学家汉斯·乔纳斯所指称的技术文明中的责任问题进行过讨论；其次，得益于作者的前期讨论以及这类议题本身具有的实践性指向，本书得以展现出一个全新且全面的，既重要又敏感的前瞻性观点，同时又避免了这两个领域中相关哲学基础研究上的重复。此外，放眼这两个领域，即使没有欧盟提议和实施的负责任创新（RRI）项目，作者的这种反思仍具深意。这是就哲学思考本身的一项研究，能够帮助我们理解在这个既世俗纷乱又存在着高度组织化的集体行动的世界中，我们是如何生存的。事实上，接下来的内容的确高能、密集且强劲，因而阅读要求相对来说也会比较高。为此，作者提供了多条进路帮助读者开启这趟阅读之旅。对很多问题的关注都可以成为阅读的起点，比如追问伦理与效率的对立问题，思考如何应对偶然性问题，或者聚焦众多领域都在讨论的正义问题。与此同时，本书将要追问的内容既广泛且深入。它的清晰风格以及不时闪现的、旨在勾勒出新的理论范畴的那些新发现，都可以支持并帮助读者从"根本（grassroots）"或如作者所说的上游（upstream）对问题做根本性的思考。此外，他还用一种自我解释的句读体系（punctuation system）来支持自己的策略，用以强调所解决问题的开放性和连贯性思维方向。尽管关于问题的思考和论点表达都极具鲜明的个性，作者还是参考了很多重要的文献，只是在这个过程中，作者常常会踩线越界。作者在考察偶然性和效率问题时特别或比较频繁提到的学者有：卢曼（Luhmann）、罗尔斯（Rawls）、布迪厄（Bourdieu）、森（Sen）、帕雷托（Pareto）、罗默（Roemer）、科尔姆（Kolm）、德尔玛斯－马蒂（Delmas-Marty）、阿伦特（Arendt）、沃尔泽（Walzer）、莱布尼兹（Leibniz）、德勒兹（Deleuze）和黑格尔（Hegel），等等。通过作者的逻辑推理我们会发现，这些哲学家有时甚至同意作者的观点。作者使用了一种新情境下的解释模型，这种新模型可以导致无数探索，可以实现基于证据的诚实协商，甚至以相互适应和相互重新定义的形式出现。在这本书中，经济领域及其更具区域性的规范经济学特征将占有重要地位，法律领域及其法哲学的分支也是如此。在思考与正义有关的问题时，这些学科显得尤其必要。

本书的另一个价值在于，通过与中国儒学的比较提供了理论普适性检验。虽然在与RRI相关的比较研究中显示了某些中国特征，但这里更多进行的还是概念性的文化比较。尽管作者很谦虚，但实际上在进行这一微妙的对比时他是相当慎重的。他成功表明了这种思想对西方的启示所在以及这种哲学所表现出的差异和局限。

虽然从这里出发的哲学思考将是密集的，但我并不打算在此逐一摘要每个部分，然后将它们概括在几页纸上。我更愿意强调本书有益于哲学或有益于RRI相关研究的那些方面。

本书处理的是关于行动逻辑或系统（如经济、政治、法律或科学等系统）逻辑范畴内部的效率伦理学问题。因而它避开了对RRI自身的经验或理论的分析。尽管那样做会使内容显得很翔实，但可能会导致讨论只能停留在对这些逻辑的外部抽象或重复的层次上。本书致力于引导读者去思考在这些系统内部或相互之间转译伦理规范的可能性和方法。正如作者所说："思考效率就意味着思考逻辑。"在此，逻辑被理解为一种转化秩序（a transformed order），它会产生一种加速的暂时性（an accelerated temporality），所以其确定性不够。由于其精确性是单向的，因而导致那些断开的、脱节的或独立的效率逻辑会向多个方向发展，进而使它们的整合潜力变小。接着，这些行动的和真理的逻辑会逐步激起个人和集体的兴趣，令他们开始质疑既定秩序。今天，人们甚至已经开始质疑生态系统的秩序，或者更广泛意义上讲，已经开始质疑曾被广泛认定为稳定不变的自然环境所蕴含的秩序。在周遭其他逻辑的不稳定性的激励下，每一种逻辑都在谋求继续地、无止境地展开。作者随后用大量篇幅试图促使读者从以下方面来思考逻辑间的相互关系，比如，这些逻辑蓬勃发展背后的东西，它们之间存在的差异以及我们目前所处的境遇等。

在此基础上，作者对稳定逻辑（logics of stabilization）和扩张逻辑（logics of expansion）进行了区分。前者旨在保留、偶尔纠正（例如，不平等）或持续地分配可接受的权利和义务；后者的目的则是，不断改善终极结果与每个逻辑目标之间的关系。例如，在竞争性市场中提高利润的逻辑，管理意义上的新公共管理（New Public Management）原则，或者哲学层面上，类似哈耶克的抽象的"自发秩序"等都属于这种情况，它们都由保证正当竞争的若干规则所构成。

此外，作者认为，纠偏伦理学（corrective ethics）不应在预先定义或通过发明新的抽象秩序的过程中去谋求，因为这种秩序本身就可能产生分离逻辑（a logic of separation）。的确，重要的是，要展示出对效率逻辑的伦理影响的可能性和方法。因此，RRI 议题应该谋求一个总体的发展框架，同时形成可操作的规范以及能够确立其合法性的依据。

通过采取元伦理学立场，作者区分了（a）效率（efficiency）、（b）效果（effectiveness）和（c）效力（efficacy）之间的差别。事实上，这三个概念为针对效率逻辑而建立的纠偏伦理学提供了框架。

（a）效率（efficiency）是实现预期结果的能力。作为一种逻辑，效率是一种坚定不移和连贯的运动。其悖论之处在于，它所破坏的对偶然性的控制正是由它创造的。作者所指的"逻辑"，是理性化以后所产生的一种约束的一致性（the coherence of a constraint），这种一致性指导代理人（agents）协调行动，同时又避免直接干预。因此，这是一种确定的、可理解的和可传播的内在一致性，具有系统性作用。因此，效率与个人目标没有本质关联，只有在超越这些目标的时刻，效率才会假设它们的存在。（b）效果（effectiveness）是从外部批判中分离出来的，而外部批判只不过是对正在被批判的东西的抽象的重复。效果可以被理解为黑格尔关于**现实（Wirklichkeit）**的重新表述，是对效果与理性的调和。在这里，维吉尔·克里斯蒂安·勒努瓦采用了这一被遗忘的哲学范畴，并把它作为全书的，特别是第3章的焦点。事实上，效果并不仅仅是效率的伦理整合，原因有二：其一，因为效率逻辑是被赋权的、多元化的以及扩张性的；其二，因为现在政府在执行效率逻辑时的做法和公司是一样的，因此，我们的目的是要帮助二者区别开来，让双方都各自遵循各自的路径。（c）效力（efficacy）则是指偶然性的两个对立面的本质所有权（essential ownership）的现实呈现，这个方面还有很多工作有待完成。维吉尔·克里斯蒂安·勒努瓦建议，与其试图逃避偶然性，不如去关注这两种控制它的企图。也许，此二者的相互调整才是使其拯救自身的办法。因此，他认为，这是一种关于偶然性的哲学认知，它将帮助我们克服由于强调过分单向的控制它的企图而带来的问题。他邀请读者采取一种接受偶然性及其所引起的所有可能和麻烦的态度。这种态度被称为诚（sincerity）。各种效率逻辑之间的关系也应引起人们的真诚关注。伦理，与真正的、有效的自由一样，可能会影响效率逻辑的发展。但是，在这种情况下，由于诚会留意到存在于纯技术的、形式逻辑中的不平等、徇私舞弊和偏见，这些逻辑就应该受到如中国哲学概念中的所谓"伦理支配（ethical innervation）"持续的激励。这种支配以关注可能性的存在为特征，因此作者的关注点可以扩展到以避免不可逆转性损害为旨归的预防原则上。

这一伦理进路既不是微不足道的（一种将伦理条件排除在有效行为之外的观点），也不是抽象的（支持脱离背景来看待价值），而是以互补的方式将道德决定和效率逻辑结合在一起。

因此，责任问题是以一种彻底的方式在上游加以解决的，其重点是道德影响效率逻辑的可能性，因为效率逻辑的实施可能导致系统性的不公正。道德上实现自由的概念在适用于正义问题时，可被定性为负责任的行为。

因此，作为丛书首册，我们冀望它可以消除一些错误的二分观念。更积极的是，它对偶然性进行了充满活力的、中肯的、原创性的重构，使得 RRI 的前景在这种重构之下得以一探究竟。任何试图在最广泛的背景下定义、提供良好实践准则以及那些试图描述 RRI 过程的尝试都会因这本书而得到充实，我甚至认为，假如不想冒失去伦理的伦理支配（ethical innervation）——我更愿称之为"伦理创新（ethical innovation）"——这一动力的风险，就不能没有这本书。

伯纳德·雷伯

2015 年 12 月

前　言

"感谢那些时光，它们将我带回到先辈的身旁"①

是否有可能在不产生悖论的情况下对一些无法预测的事件负责？探索性的负责任研究与创新（RRI）研究涉及一定程度的不确定性，这对其所具有的实质性后果来说，不是偶然的而是必然的。在今天这个复杂、多元的世界中，面对越来越快速的变化，对理论或发明的后果的预估似乎越来越多地不是基于严肃的伦理推理，而是凭借猜测了。但是，技术上的前所未有的高效率要求一种前所未有的负责任的程度。

本书的目的不是就"研究""创新"或"责任"给出界定或定义，而是要从哲学上提出一个对 RRI 有决定性影响的问题。本研究旨在探讨伦理对效率逻辑产生影响的可能性和方法，这类逻辑在 RRI 中得到了显著的应用。如果从系统性的后果来看，效率现在是通过推理来获得支持的，那么如何才能获得一种不是外部性的（如带有第五个轮子的马车或量子运动中的隐变量），而是

① 必须感谢伯纳德·雷伯（Bernard Reber），感谢他热诚的批评，感谢所有相信我的人，无论你们在哪里。

作为这一推理内在组成部分的伦理影响呢？

这并不是关于 RRI 的常规问题，尽管我们甚至可以说，它们在很大程度上要依赖于对这个问题的解决。事实上，对 RRI 进行丰富具体的实证分析或试图通过考察创新过程的风险转化来构想责任概念的企图，反而会由于效率缺乏伦理资格这个原因变得抽象起来。无论从哪个角度来看，只要在 RRI 层面履行责任，最后都意味着要为伦理诉求寻求一种逻辑依据。因此，似乎不应该忽视任何提出这种动议的可能性和方法。

提及不可预测性、复杂性或多元性，就会碰到一个经典的哲学主题：偶然性。更准确地说，哲学似乎一直为避开、吞并或减少偶然性而努力。毕竟，偶然性最明确的含义就是指那些根本拒斥预测或即便加以周到考量之后依然会失败的情况。一旦开始讨论"要对不可预测的事负责"，问题就出现了。在前言中，我们将尝试使偶然性以及针对偶然性的各种抵制方式成为构建问题的线索，然后再对此做进一步的检视。

时间造就了它们，只待时机将它们唤醒。心智会时刻关注那些被遗忘的选择，会一再挖掘并精确地回忆起它们。选择，将以它们自己的逻辑，带着它们自身内在的力量为我们想要的自由做出贡献。这些选择，不论有意无意，都或多或少地决定着、煽动着、具倾向性地或纯属意外地促成某个异质群体的构成。这个发生着否定、斗争和阻止决定的地方便是偶然性存在之地。

如果偶然性，作为一种不期而遇的、一种不可预测的偏离或一种新的配置、一种随机状况而存在，那我们就应该承认，如果没有它、没有这种意外，就不会有现在的我们。但是，我们同时也要知道，世界上没有比控制更让人恐惧同时又令人投入最多精力的事情了。人们意识到，在任何时候，他们都可能失去自己所拥有的一切，比如健康受损，生活被毁。然而，大多数的情况是，从控制偶然性所耗费的资源方面遭受的伤害要远远大于偶然性带给我们的伤害。

可以从两方面审视控制偶然性[①]这个问题：一是**效率**方面。正如我们将要证明的那样，人类行动的成功归根结底在本质上是主观的，但行动的逻辑则往往要依赖于结果，这样才能使行动更加精准，并使之在更大范围内展开。二是**伦理**方面。也就是说，当我们的目标是预测不可预测之事件时，我们可以抽象地知道其具有发生的可能，但无法知道具体的发生状况，这样一来，个体因无法预测而不必对该事件负责（在这一阶段，我们不讨论"正义"，因为我们指的是偶然发生的意外事件，而不是由他人造成的伤害）。

关于这两个主题之间的关系，有一种观点认为，伦理干涉会损害效率。对此，最具历史影响的理论[②]有两个，中国的法家和极端自由主义经济学。二者都认为，伦理介入是一种武断的、非理性的或者说感性的主观性偶然，因而它会扰乱既定的、有效的秩序。

对于法家［HAN 10］来说，这种效率与君主被赋权有关，君主只需操纵两个奖惩杠杆——警察和告密者组织——来管理帝国即可。在这样的制度下，没有什么能逃过他或她的手。对于

---

① 实际上，我们指的是"偶然"而不是"运气"，因为这里的核心之一是理论讨论条件下的偶然性本身。

② 我们没有包括马基雅维利，他没有提到客观有效的秩序，而是把重点放在王子的美德与财富的关系上。

君主国家而言，表现出仁慈，实行儒家的仁（humanity）和义（justice）的美德，只会破坏由法（the law）所保证那种独自运作的秩序。

对于极端自由主义经济学家来说，强调"自发秩序（spontaneous order）"[HAY 07]是有效的，因为它不依赖于个人监管下的预先计划。这种情况事实上的确会因偏私而产生腐败。经济进程允许自动地处理所有的信息，用于计算价格进行内在性的交易管理。根据这种逻辑，依靠道德价值进行再分配的行为将会破坏这种自发秩序，因为它会加入带有偏见的观点。

一个重大的理论突破产生于这两种理论之间，它起源于西方，由两个非连续事件促成。第一个是在静态的社会框架内增加了知识和行动逻辑的权重，但仍保有其自身的稳定性。起因源于17世纪的科学活动，整个进程由文艺复兴时期的艺术家们加以促进，这些艺术家则是受到意大利城邦政治气氛的影响。尽管最初情势显得晦暗不明，但是这种逻辑命定般地逐渐扩展开去，因为无边无际的扩张令人充满希望。这种逻辑因此被赋予了合法性，它向人们展现了超越偶然性的、能够获得自由的希望，那就是——效率。然而，一旦方法论基础一个接一个地确立起来，并获得发展（数学、物理学、天文学），不需太久，人们就会对其产生怀疑，即它们做出的自由的承诺实际上正在被建设它们的行动所摧毁。效率逻辑在同一场运动中被建立和摧毁。它们被摧毁的方式与被建立的方式正好对等。因为它们肯定自己能够控制偶然性，因此它们才会失去这种控制；正是因为它们是有效率的，因而它们注定是无效率的。换言之，由于效率寻求不断地自我完善，它也就此失去了效率。

马克思正确地观察到了这一点，即人自身的行动正在作为一种客观障碍而增强，从而正在使他与自身疏离（alienating 异化）[MAR 82, pp. 1065—1066]。然而，他给出的解决这种状况的办法是，人类要自愿地掌控生产，并通过一场革命对自然进行密集的开发。霍克海默（Horkheimer）和阿多诺（Adorno）以他们自己的方式反思异化，从他们的历史背景中收集信息，其变化揭示了启蒙辩证法[HOR 74]。承诺要通过驯服自然抛却恐惧，这种思路注定会使事情转向它原本要摧毁的样子。在试图解放人的过程中，这种思路却将人，包括身体和灵魂，都交给了管理社会的那种限制和约束。推理（reasoning）本身就是一种胁迫性的机制，它使人类努力想要逃避的统治得以永存和强化。

真理与行动逻辑向人们承诺了效率：因为它可以免于偶然。但在实践中，这类逻辑加大了偶然性对人的影响。尽管有人试图使效率逻辑免疫于伦理感染（ethical contagion），以尽可能使其获得自主性；但这样做的同时，使它们作用的对象——效率——遭到了破坏，并因此导致逻辑自身的丧失。由于争取免于偶然的自由正是促使并促成了最初赋予这些逻辑以权力的原因，在欧洲这场特殊的运动中，这些逻辑所带来的对偶然性的奴役同时也带来了破坏，即使得效率凌驾于伦理之上。

面对这一无法桥接起来的非连续性，第二个事件因此是作为对第一个事件的修正而出现的。它植根于宗教改革所表现出来的一种基督教特征，这种特征在康德批判中表达得最为精确。这种批判性和侵蚀性的进路最初是直接对抗世界及其乐趣的，它反对工作的严肃性，之后又用来反对学术形式的知识，这类知识错误地试图直接理解事物的根本含义。形而上学，作为一门科学，是非批判性的，因为它想要与一个根本的原则本身相联系，而不关心我们与它发生关系的必要条件。这次运动很重要，因为这意味着逻辑推理必须能够无限地发展下去，而不会要求在一种确定的平衡中寻求暂停。然而，它更深刻地洞察到对每个逻辑进行无限批判，以及通过内部调整来实现一种内部修正的可能性，从而减轻在建设过程中产生的破坏。批判试图既要从内部摧毁这种逻辑，但同时还要使其能够继续下去。它毁灭而不击败。它是为了拖延失败才去毁灭。

在社会层面，批判有助于通过一种中立的分离来促进逻辑的发展。在传统社会中，如种姓制度下，社会群体之间的分裂有其宗教原因的一面，分离作为一种社会产物与时间无关。它不被认为是一种人类的制度。相反，"中立分离（neutral separation）"则是建立在一个共同的、同质的基础之上的。每个人都是一个全面的人，即使他们可能被迫扮演不同的社会角色。中立分离对于逻辑被赋权来说是重要的，逻辑从此不再受到僵化社会的约束。然而，与此同时，由于逻辑学的发展清楚地区分了一个人和另一个人，分离被视为中立这一事实使这一过程的后果变得不公平和不可容忍。批判者在允许逻辑尽最大可能发展自身的同时，又在同一进程中对其进行谴责，并推广反对它的那些思想和行动，其目的不是为了维持它，而是要摧毁它。但是，在二者之间可以找到一种折中，即要求不断重新修正这些逻辑，实施法律限制，并利用这些约束来影响效率逻辑。

修正需要通过返回中立状态才能完成，其具体表现为对各种逻辑进行的"元分析"。罗尔斯的理论完美地发挥了这一点。该理论的目的是在三种中立形式下来控制偶然性，即我们出生时所处的社会经济环境、我们所具有的天赋以及我们一生中可能遇到的危险或意外［RAW 09, p. 128］。此外，罗尔斯认为不同的价值观念或价值体系是冲突发生的潜在根源。甚至可以说，中立分离作为这样一种制度的一部分，是最后一种武断的、因而是偶然的手段。这种选择之所以有价值，是因为它是一种自由选择，而不是因为它依赖于这种制度的客观真理性。此外，正义理论之所以具有价值，是因为它与这些概念的关系是中立的，这使它得以确保与这些概念和平共处。

中立的分离需要中立的正义；中立的正义则需要基于中立的、非决定性的分离。对不可接受事物的批判虽处于具体情境之外，但也会带来一种抽象性的纠正。罗尔斯观察到，逻辑提供了一种纠正，但所提供的纠正是非内在的。对这些理论来说，其结果是对被批评的事物的一种形上重复（meta-repetition of the criticized），但是在更一般的层面上，则是一种对被谴责的事物的更新。罗尔斯认为不能容忍的是，人们关于人类最重要的东西——善的概念——的冲突。由于概念的多元性、对抗性，他提议应为它们的和平共处创造条件。然而，正是通过确认它们的不可通约性，他反倒促成了社群主义者们去反对多样性，从而终结了他们自己既有的一些分离传统①。如同迈克尔·沃尔泽［WAL 13］这样的温和派，仅仅因为一个价值体系能够被一个社群所接受就认为它是正当的，意味着虽然接受这种中立的形上分析，但实际上拒绝这种

---

① 例如，阿拉斯代尔·麦金泰尔（Alasdair MacIntyre）［MAC 93］。对他来说，伦理传统只能在这一传统的框架内进行论证，因为理性论证的标准贯穿于历史之中。当然，社群主义思潮是高度多样化的，做出的贡献，特别是迈克尔·沃尔泽（Michael Walzer）的贡献是这本书的关键。

分析所暗示的解决方案。也就是说，实践并不能分享这一承诺，原因是不可能找到那样一个进行中立争论的背景。它仅仅意味着一种共同参与。因此，不管怎么说，一种理性的讨论对于达成**事实上（de facto）**的妥协似乎并没有特殊的合法性。

如果我们想要研究如何纠正效率逻辑（罗尔斯没有解决，或者至少没以这种方式解决），就必须从抽象的外部环境（由控制偶然性和冲突的思想支配）转向伦理的过程规约（基于科学的自由概念）。在这个阶段，这意味着两件事：**第一，伦理不能局限于一种模糊的、私人的和非理性的情绪；第二，伦理也不应该被简化为一个有序的确定价值体系，即使它们是悠久传统的产物。**这种尝试力求使其符合元伦理，正是因为它旨在避免这两个陷阱。

然而，它将自由概念与效率逻辑联系起来，将其在渐进发展的维度上视为同时具有建设性和破坏性的概念。[1] 目前是行动逻辑和真理逻辑过度发展时期，实际就是正在被赋权的过程。这进一步促进了个人与集体的利益，日益加剧了人与人之间的分离，同时也不惮表明这种分离是不公正的。这场动荡还危及一个看似稳定的秩序：环境和生态系统，因为很明显它们并不适用于这种暂时性。在实践中，逻辑可以对所有秩序提出质疑，因此纠偏

---

[1] 这不是否认建设性层面的问题。经济竞争的逻辑产生了巨大的财富，但同时也导致了贫困和异化。在另一种情况下，让·吕克·南希（Jean-Luc Nancy）在与奥雷利安（Aurélien）合写的一本书中提到了这个复杂的问题［NAN 11，第 3节］。关于技术，他写道，它会导致自然的建造和破坏。在同样的程度上，使它与这两个运动一起，想象出一个概念上的"结构"。虽然目前的效率逻辑概念不能简单地放在自然 / 技术二分的视野中，因为它们处理的是控制意外情况，因此它们保留了这种双重和对立的关系以及它所引起的关切。

不应依据事先定义或发明的秩序概念；也不应在抽象的法条里寻求，因为所有的法条都是一种逻辑①。既定的社会体现了一种"秩序"，规模不变，只寻求更新，不断地重新获得一种不稳定的统一，并带着与过去脆弱的关联，这种脆弱的关联常常包含在对古典思想的无休止的评论与反抗之中。总之，思考效率就意味着思考逻辑。

逻辑是一种转化了的秩序，它既生发出一种加速的暂时性，又在决断上变得穷困潦倒，它是一种片面的精确性，因而必然导致逻辑的多元化。因此，该种秩序被加速、多元地分解成一个个具体的决策，与此同时，它的整合潜力则随之被削弱和脱离了。

此外，时间扭曲了传统提供的解决方案。新自由主义似乎已经破坏了对内在和自由的任何诉求的伦理关联性，因为它号称自己就是对个人利益的自私和无拘束的追求②。经济学家经常使用的要求最大限度放松管制的论点就是代理人获得最大利润的"自由"。看来，这些理论家在伦理和自由之间造成了长期的分离。然而，一个伦理的自由概念也受到了社区主义者的损害。他们坚持将我们与一些人联系起来，但以同样的方式切断了我们与其他人的联系，因此这里似乎充斥着罗尔斯所警告的对抗的倾向。

重要的是，不要陷入对政治自由主义的"抽象"进行一种墨守成规的批判之中，从而忽视任何分歧，而是要致力于指出原因：这是逻辑中的逻辑。事实上，有必要从总体上审视它与逻辑

---

① 这一论点将在导论中展开。
② 皮埃尔·罗桑瓦隆（Pierre Rosanvallon）[ROS 89]回顾说，在第一批理论家眼中，相对于正式的和等级制的权力模式，市场似乎提供了另一种代表着某种社会乌托邦的政治模式。

学的关系，并评估如何在伦理上将这种关系转化为一种自由的关系。

尽管如此，还是让我们回到揭示自由——其本质上是伦理——上来，以确定我们由于赋权效率逻辑而面临的挑战。意识可以获得无限的选择，但这可能会影响到我们身边的人，并最终影响我们的自由。对于每一种情况，都必须辨别各种逻辑，这使得重新定位变得异常严格，因为那些不可计算的偶然性被那些激增的、计算性的扩散、模型、计划和预测所掩盖。我们应该强调，这是批判不可或缺的一部分。

在前言结尾处，我们想做出一个区分，这不会成为本书的框架，却是贯穿全书的线索。在思考结束之时，这三个要素（moments）都将不再完整。同时，在对指导推理有所助益的同时，它们自身也会从中获得实际的内容和范围。

效率（Efficiency），作为一种逻辑，是受条件约束的。它只与个别的目标有一种非必要的关联，它在实现目标时会破坏这些目标，并通过超越这些目标来假定这些目标。正是这种毫不动摇的连贯运动破坏了它对偶然性的控制，其程度与控制它的程度完全相同。

效果（Effectiveness），代表着作为固有自由的道德。它与外部批评脱节，外部批评由于抽象只能导致被批评对象的元重复（meta-repetition）。它的定义是对黑格尔的**现实**（Wirklichkeit）定义的重新表述。

效力（Efficacy），是从抽象的瞬间转变中产生的，是对偶然性的两个对立部分的本质所有权的呈现，是为摆脱恐惧的一种新挑战。它是关于把偶然性放在试图控制它的两种企图之间的议题。也许这就是那样一种境况，可以从它们自身拯救自己，从相互间调整彼此，以便彼此可以相互接触。因此，这是一种关于偶然性的哲学认知，它将使我们能够克服由于过分单方面企图控制它而造成的困难。

这三个术语为效率逻辑的伦理修正问题提供了框架。它们凸显了使其成为问题的结构，我们现在就开始审查这一结构。

维吉尔·勒努瓦
2015 年 12 月

目　录

序　言　　/ 001

前　言　　/ 001

导　论　　/ 001

第 1 章　扩张逻辑与还原主义效率中的正义问题　　/ 018

　1.1　成问题的问题框架　　/ 019

　1.2　其显示范围　　/ 022

　1.3　进一步澄清　　/ 024

　　　1.3.1　一些被忽略的方面　　/ 024

　　　1.3.2　根除与琐碎　　/ 026

　1.4　典型内容　　/ 028

　　　1.4.1　帕累托效率　　/ 028

　　　1.4.2　罗默使用的形式化工具　　/ 030

　　　1.4.3　罗默意义上的效率与正义　　/ 032

　1.5　关系性结构　　/ 039

第 2 章　稳定逻辑中的正义问题及其有限效果　/ 042

2.1　成问题的问题框架　/ 043

2.2　其显示范围　/ 045

2.3　进一步澄清　/ 048

　　2.3.1　隐含的要素　/ 048

　　2.3.2　琐碎与根除：关于正义的第二个问题　/ 050

2.4　典型内容　/ 051

2.5　前两个步骤的总体概要　/ 055

第 3 章　修正效果概念　/ 059

3.1　重构的必要性　/ 060

3.2　建立重修原则　/ 063

　　3.2.1　关于可能性（潜在性）的首次阐释　/ 065

　　3.2.2　关于可能性的二次澄清：尚未定义的整体性（倾向）　/ 070

　　3.2.3　可能性帷幕（再谈倾向性）　/ 071

　　3.2.4　（一种）伦理的（神经分布）　/ 072

　　3.2.5　收缩环与扩张环（可能性的活力及其偏离）　/ 075

3.3　证成　/ 078

3.4　一种非主观性自由　/ 079

　　自由：连续还是中断？　/ 080

3.5　效力作为效率与效果的整合　/ 081

　　3.5.1　效率概念的迁移（真诚）　/ 081

3.5.2　证成　　/ 085

第4章　关于效率的实践　　/ 088

4.1　存在于"两者之间"的逻辑　　/ 091

4.2　圈层与合法性（效果和分离）　　/ 096

4.3　既不是"看不见的手"也不是"狡猾的理性"
　　/ 099

4.4　偶然性瓜分及其成就　　/ 103

4.4.1　真诚及其逻辑部署　　/ 103

4.4.2　上游的条件与机会　　/ 104

4.4.3　准确性与完整性　　/ 105

4.4.4　伦理影响的两种模式　　/ 106

4.5　人权：一种持续的政策　　/ 110

4.6　消极自由还是积极自由　　/ 118

4.7　零星散布的一些范畴　　/ 120

4.7.1　避免地方主义　　/ 120

4.7.2　其他与复杂性：中国的例子　　/ 121

4.7.3　一些具有影响力的中国观念　　/ 123

4.7.4　主要差异　　/ 126

4.7.5　为了一次更有效率的邂逅　　/ 129

结论：暂时的句读　　/ 132

参考文献　　/ 140

导　论

　　需要对不可预测的、悖论性的事件负责，此种想法源于它与偶然性的特殊关系，这是从传统方法中盲目继承下来的。我们曾经在控制关系中讨论过两个关键要素，然后提出了利用对偶然性的新理解来调和它们的可能性。我们现在就从哲学角度来考察效率（efficiency）、效果（effectiveness）和效力（efficacy）这三个术语，以揭示将它们关联在一起的原因。

一、逻辑性效率（Logical efficiency）

　　日常用法中，效率是指一个人实现其期待目标的能力。我们希望对其进行一般性处理，从而提出，效率问题其实是一个逻辑问题。"逻辑"地看，效率应该被理解为理性化（rationalization）过程所产生的某种具有约束的一致性（coherence of constraint），进而会指引一群代理向同一方向前进。当然，逻辑本身并不具备实在的连贯性（ontic consistency）。事实上，这对于每个代理来说都是难以捉摸的，无论其参与方式是个体性还是集体性的。说它具有指引性，是因为它能够在一定范围内产生影响以及在一定程度上起到协调的作用。从这个视角，逻辑被看作可以被明确定义的、可量化、可理解以及可传递的某种一致性，且能产生系统性的效应。人们只有在谈到主体时才涉及目的、目标或确定的价值观等，这意味着人们在追求目标时的所谓自由等对逻辑来说其实并不重要，甚至是有害的。尽管在逻辑看来，这些实际上都不存在，但是，逻辑自身则需要依赖对某种真实目标的幻觉以及对目的和手段做出假定的区分而存在。为此，它会进化、重新创造和完善自己，所取得的每一项成果只有在允许它获得更独立的发展之意义上才能说具有了客观的价值。因而它只有作为对利益集团行动的理性约束力这个意义上才是有效的。手段和目的之间的可互换性是它们可以成为逻辑的"条件"。一个条件就是一个临时常数，它使逻辑的一致性得以推进和强化。这些条件一旦成立，就会继续创造出其他条件。在实践中，我们对某一特定状况的唯一把握（也是唯一理解）就是通过对条件的构建、发明（发现）和记忆（学习）来实现的，经此之后才能在语境中对其加以调动。

二、两类逻辑

将"扩张逻辑（logics of expansion）"和"稳定逻辑（logics of stabilization）"做出区分是有可能的。这同时表明，尽管二者都与研究与创新活动有关，但是，对它们进行探究可以不仅局限于研究与创新领域。

以一种非常普遍的方式举例说明后一种情况，我们可以首先确定（通过联合国教科文世界遗产保护组织）对保护遗址、纪念碑和生物物种需求的促进，以及几乎所有国家都有的"宪法"。最后，从哲学上讲，所谓"基本社会结构"①，约翰·罗尔斯把它放在他的分析的核心，其目的是以一种每个人都能接受的方式，从而也是以一种可持续的方式，分配社会中的权利和义务。它倾向于确保这个社会的稳定，将其作为一种公平的合作制度，代代相传。

扩张逻辑，同样在一个非常基本的意义上可以举例来讲，即指一种在竞争环境中增加利润的逻辑；谈到国家治理，新公共管理（NPM）理论主张以数字为指标，如此一来就可以根据数量表现对各个国家进行分类，这有助于处理可比性和指标结构等方面的微妙问题。② 毫无疑问，NPM 就是扩张逻辑和经济效率在公共管理领域的延伸，其目标在于不断改善成果、目标和损耗之间的关系。此外，在哲学层面，我们可以以哈耶克的"自发秩序（spontaneous order）"［HAY 07］为例。这是一种纯粹抽象的秩序，由维持正当竞争所必需的一些规则所组成。在他看来，这种秩序可以使每个人都能够实现最广泛的不同目标。与达到某种"均衡"的意图相反，该秩序为大多数人（没有说明他们所代表的人群所占的社会比例）提供了一场利润无限扩张的有组织的活动。哈耶克为此提供了一种元逻辑（meta-logic），它以必须能够促进竞争逻辑的自由发展为前提。

---

① 这是众所周知的，我们不会把重点放在这里。例如，见［RAW 09］。
② 有关介绍，请参阅［ABA 00］，关于这引起的一些困难的概述，请参阅罗伯特·萨莱（Robert Salais）的工作，例如［SAL 08］。

三、三种动机

前面已经强调了，代理的目的对于逻辑来说并不是必需的，因为逻辑在任何时候都可以被独立定义。当然，这并不意味着代理的动机不再是一种客观前提，只是它们不再被认为是自由的，或者至少从逻辑效率的角度看，自由与否根本与之无关。

人们普遍认为，人的行为往往是出于自私的动机。这无疑是许多逻辑以及有效行动的连贯推理（coherent reasoning）的一种假设。然而，认为这些行为本质上是自由的，则可能是错误的。如果认为自由就是能够使你在任何情况下的行动都可以由自私动机来决定，那就忘记了我们声称的：在决策过程中，只有在我们有可能拒绝或可以与之保持一定距离的情况下，我们才是自由的。但，这又并不是要求每个人都全面地违背自己的利益，因而这又显得自相矛盾了。事实是，我们须臾都不可能使我们自身与私利分开，这就无可否认地意味着我们是屈从于私利的。在这里，我们不奢望能够阐述清楚这一貌似显而易见的事实，我们宁愿重申，是我们的自私弱点允许我们接受溜须拍马（各种形式的广告和宣传）的操控。正是任由自私渴望的牵引，我们才变得可预测，并因而可形塑、可开发、可利用。然而，这并不是我们所理解的自由。

与自私动机相比，利他动机更常被放在首位。然而，目前为止对这些问题的普遍认识要么是一种多愁善感、一种非理性的主观感受，要么是一套相互联系的价值体系。前者促使我们以一种可能不符合我们自己利益，甚至可能与之背道而驰的方式来为他人的利益服务。然而，即使是为他人利益服务，这一行动的成功似乎也要依靠运气，因为这并不完全建立在理性推理（reasoning）之上。除此之外，这同样不是一种自由的行为。情感是强加于我们身上的，它不允许我们从任何角度去反思，因此我们没有机会采取任何别的行动。事实上，奉承，这是我们社会的一个重要方面，是建立在自私的基础上，同样也是建立在情感上。

利他行为也可能是建立在群体共同认可的价值和原则体系之上的。然而，正如马克斯·韦伯（Max Weber）[WEB 59]所言，我们作为某个体系中既定的成员身份似乎无法自证其正当性。我们可能会寻求承认一个不同的，甚至完全相反的体系，尽管这可能并不理性。理性的缺乏不会使这一体系内的成员获得自由，反而剥夺了他们的自由，因为在某种程度上它是被强加的。

这三类动机在不同的逻辑发展过程中都有所体现。然而，正如我们所努力指出的，它们都不是自由的，而这当然不是这些逻辑所希望的。从这个方面看，它们是没有效率的。事实上，它们的自由与逻辑效率根本是脱节的，甚至可能会因此使自由受到损害。

四、关于效果（连接效率与自由）的反思

效率与自由之间的关系只能进行一种整全包罗的（all-encompassing）阐释。我们可以在效果（effectiveness）[1]这个概念

---

① Wirklichkeit 的字面意思是"通过创造采取行动""在现实中产生效果"，不能完全将其表述为"现实"（其词根是"res"）。消极方面的过程和包含对效果至关重要。

之上对其进行反思，因为这个概念可以强有力地将伦理和自由统一起来。黑格尔在理性的［vernünftig（rational）］和有效的［wirklich（effective）］［HEG 82］二者间确立的严格对应关系，招致了许多误解。如果没有对黑格尔进行训诂的话，可以认为黑格尔是反对效果中带有偶然的[①]、武断的以及不是从概念发展中获得的必然性的东西。但是严谨的论述应该是，在他看来，只有当概念与其经验的存在相结合时，理念（Idea）才是有效的。经验主义只有在它与概念相关性中才具有效果，概念只有在它的具体表现中才是真实的，概念是通过历史过程而获得的。理念从过程一开始就存在了，但它的内容只有通过缓慢、有力和重复的运动才能呈现出某种形式和方向，在它与自身的疏离（estrangement），然后再返回到自身的过程中得以显现，并通过恐惧和忧虑得到检验。只有在历史过程的最后，经验的存在才能与其概念统一起来。

在这里我们特别感兴趣的是，黑格尔认为法的理念（the Idea of law）即自由［HEG 82］。他是从一般意义上理解"法"的，包括人们的道德、习俗以及伦理。自由，作为一种由法及其物质形式（形式规则、人的经验生活）所组成的已实现了的统一。该统一是通过若干阶段来实现的：首先意志通过财产经验地显示它的存在；然后再由道德立即对其进行否定。在这种情况下，外在性被认为与主观存在无关，而最终在**伦理性（Sittlichkeit）**——人们的伦理生活——那里，自由才最终具有果效。[②]

对黑格尔来说，这种自由是通过个人的兴趣、知识和野心来

---

① 在［MAB 13］的帮助下，我们将需要比最初更加微妙的方法。
② 参见罗伯特·德拉斯（Robert Derathé）对他的翻译［HEG 82］的介绍。

实现的。同时，也是通过那些有意识地参与其中，而不是自私自利、只顾自己的人来实现的。自由，被认为是行动的终极目标。在他看来，国家原则使个人的主体性得以充分和彻底地表达，与此同时也使他们成为一个实质的自由联盟［HEG 82］。个人生活并不完全脱离这一原则，而这一原则又没有被我们的世界和历史所排斥。相反，在这个原则之下，他们可以表达自己的个性、利益和需要，并且通过它获得满足。同样，实际中的原则也是通过假设个体多样化活动具有统一性而得以体现和发挥的。

这一推理为前面审视的三类动机为何缺乏自由提供了答案。

首先，个体不总是只追逐自私动机。他们**同时也会**看到某种实质性的目标。将"理性的狡猾"［HEG 65］只看作是"看不见的手"的简单重复是错误的。尽管理性利用了人类的激情来实现其目标，人们在行动时可能对此并不知情，但对于黑格尔来说，他们实际上还是能够意识到自己正在有效参与着某个实质性目标的实现。比如，在战争时期，人们可以接受为国家而牺牲舒适、财富和生命，就是佐证。

其次，在第二类动机中，非理性的多愁善感是种"美丽灵魂"的行为，它拒绝接受有限性概念，不愿意作出决定，因为这样做就强加了限制，从而会被迫放弃无限性概念。它会为了保持纯洁而拒绝否定阶段。因此，这个美丽的灵魂可能会选择一心向善，富于同情和慷慨之心，但如果所有这些都一直保持在一种抽象状态，则无效，也不会获得自由。并且，对于黑格尔来说，也没有必要为了使道德行为正确化，而坚持认为现实的世界并非其应有的样子^①。我们当然能够看到在人与人之间形成的伦理关系的确存在着慷慨、同情和善意，而且它们都是有果效的。

最后，在黑格尔那里，多元化价值体系并没有出现问题，或者至少没有以目前的形式出现问题。在他看来，一个国家的实际原则会发展成一系列同心圆，每一个同心圆都受其自身规律的支配。这些法律之间不会有冲突，因为不同的领域存在于严格的等级制度中。家庭、民间社会、国家和世界历史从来都不在同一个水平上［HEG 82］。每一个当下时刻都与下一个时刻完美地结合，各方都以严谨的方式表达着这一切。

从某种意义上说，黑格尔的"效果（effectiveness）"包含了人类动机的三个层次，它们可以导致真正的自由。这是否足以为效率和自由之间的关系提供一个更包罗的维度呢？

五、效率对效果的削弱作用

我们在这里并不是要寻求逃离或超越黑格尔主义的方法。但是，我们需要注意，除了谴责辩证法似乎把我们困在了概念局限性之中这个原因［哲学上的详细阐释，核心的反思已经对其后可能出现的一切形式进行了预计（见［DER 01］）］之外，还有一个原因就是，我们不得不遗憾地说，它已经完成历史使命了。因为在某种程度上，效果（effectiveness）似乎更适用于秩序，而不适用于一系列不确定的多元独立逻辑。这种遗憾可能来自这样一个事实：对黑格尔来说，**法律**上（de jure）甚至**事实**上（de facto）

---

① 这是黑格尔看待康德和费希特的立场。关于康德的责任观参见［HEG 82］。

的**效率**（efficiency）（他无疑是在自欺欺人）都被纳入伦理（因而是自由）秩序的效果（effectiveness）之中了。他曾努力证明过这一点。正如众所周知的那样，他将知性看作是区分并建立每个决定的力量［HEG 91］，而将理性看作是将这些决定付诸行动的力量。在经历了否定阶段后，再让它们回到与现实和解（Versöhnung）的完整性（integrity）之中。目前还不确定，这种和解是否需要被视为一种"截肢（amputation）"［BAT 54］，一种对普通人的屈服，甚至助长了以这种方式获得自由思乡症（nostalgia）。然而，遗憾的是，这已是不可想象的了。

随着时间的推移，黑格尔所认为的知性的表达获得了如此广大的范围，如此众多的异质逻辑，并且在其各自的独立发展中得到了如此快速的进步，以至于现在想获得这样的"完整性（integration）"已经是不可想象的。如果效果（effectiveness）需要一种完全的整合以及过程，一个主体（实质）和一个目标，第一存在是其自身的 τελος（希腊语"目的"——译者注），在真理的过程中朝向自己① 前进，那么剩下的一切都将是辩证法式的没有判断力的动机，在空旷的空间中旋转，缺乏实质性的或伦理性的内容。主体被原子化为私人个体，目标在自私动机中被解体。分离先于共享，因此，任何共享都只会加强这种分离②。否定只会导致否定。这一要素是一种独立的、偏离中心的、对立的领域（spheres）（与所期望的同心的和谐的闭环完全不同）。效率逻辑

---

① 如果真理不是实质（通常意义上的）而是主体，它是作为一个过程的一部分的实质，一个主体向自身移动，而这在现实中只是一个最终的结果［HEG 91］。
② 对黑格尔来说，存在着民族的分离，这些民族之间发生了战争，但在每个民族内部，都有共同的道德生活。今天，各民族内部以及他们之间、各政党和各阶层之间都存在着分离。

至少在三个方向上形成这个领域，每一个都对特定的动机秩序作出反应，因此，这种动机并不是自由的（或者对它来说，与自由并不相关）。

1. 关于自私动机

我们可以重新使用布迪厄提出的"场域（field）"概念［BOU 92, BOU 09］。社会是由许多场域或客观关系空间构成的，例如学校制度、艺术、学术界、国家、教会、政党和工会。每个场域都是在层级结构中被建构的。在每个场域内部，代理人遵循它所定义的规则，以便在特殊关头攫取利益。为此，每个人都要调动各自所拥有的力量。这就解释了为什么代理人会有各种各样的成功模式以及他们所处等级的位置。那些在某一场域占主导地位的人总是可以利用这一优势为自身谋利，但他们同时也不得不处理对抗、争端等问题。

在某种程度上，每个场域都要求代理人必须遵循游戏规则，以此来辖制自私动机，但是这是一种预先确定的，能使成功被客观证实的方式。某一场域的代理人需要知道并接受所有的规则，因为如果他们不这样做，游戏将不复存在。紧缺货物的分配将是任意的，每个人都会全力争夺。通过将自己限制在一个明确的框架内，就可以用最具效率的方式追求自私的动机。这与游戏的多样性有关，也与场域有关。社会分裂成场域导致了无法衡量的球状物（spheres）的出现（政治和艺术不遵循同样的规则，因此也不分享同样的货物）。这里没有整合的空间，当然也就不会存在伦理整合。代理人的自由在于他们追求自私动机的能力，而不是他们与这些动机保持距离的能力。

2. 关于非理性 / 主体性动机

系统论提供了一个分裂的、多中心社会的观点，社会被分解成许多递归的封闭子系统，形成不同的环境。为了清楚起见，让我们把法律的概念看作是尼可拉斯·卢曼（Niklas Luhmann）提出的自生成（autopoietic）系统［LUH 81］[1]。对这种自我调节系统的纯粹客观的看法是不合理的，就是因为它在无意的社会化模式下构想了法律。法官和律师在日常实践中使用的高度复杂的推理不应是真正的法律。它只是通过效率来证明自己的合理性，以确保其决定被接受。决定为理性辩护，而不是相反［LUH 86］。法律从业人员，至少那些不熟悉系统论的人，在日常实践中常常会自欺欺人。

理性论证因此成为自生成（autopoiesis）的客观过程的主观对立面。其非理性不是因为它是基于感觉或情感的，而是因为我们在本应建立在客观决策基础上的理性论证过程中看见了一个虚幻的面具。众多独立的领域（sephere）、系统（包括法律），每一个都递归地闭环到自身，这样就把动机的非理性分裂进理性当中，从而形成了一个有用的错觉。在这种观点下，系统不仅是异构的，而且它们之间无法沟通。事实上，每个系统只能用自己的语言与自己沟通，并且只能生成自己的外部世界图像。另一个系统要集成这样一个图像，就需要将它翻译成这个新系统的语言。因此，没有一个外部观察者不是某个既定系统的成员[2]。在这种情况下，伦理整合是不可能的。

---

① 以及哈贝马斯（Habermas）［HAB 97b］批判性分析基础上所建议的。
② 见哈贝马斯（Habermas）在［TEU 89］中的批评。在介绍"经验世界"的概念时，哈贝马斯说，这与他对系统理论的信仰相矛盾。

3. 关于价值体系动机

沿着区分不同动机的中心线索，可以将多种价值体系转化为正义的一个领域。迈克尔·沃尔泽（Michael Walzer）力图运用他的分配正义理论来建立一个复杂的平等的概念［WAL 13］。商品是多种多样的，每一种商品都必须根据其社会意义进行分配。分配逻辑对应于每一种商品（工作、安全、金钱、空闲时间、教育、神圣恩典等）。职位可以按成绩分配，但医疗保健必须按需分配［TEU 89］。正义是建立在将这些逻辑隔开的基础上的，以避免额外占有资财。然而，在这方面不公正的是，占有一种资财（例如金钱）会影响对另一种资财（如政治权力）的占用。但是，如果在社会层面上要做到分配每一种商品都必须依据与之相对应的逻辑，则意味着必须保持这些领域彼此间的差别。这将导致建立一种复杂的平等，即任何在一个领域处于不利地位的人都将在另一个领域受益，反之亦然。这里的问题是，不断重复地提到"共同的社会意义"，因为很有可能这样的含义根本无法证明自己的正当性。事实上，如果根据一个社会的一般舆论，医疗服务不应该是按需分配的，而应该按照收入分配，那么沃尔泽的理论似乎并没有提供什么资源可以来反对这种逻辑。这种资源的缺乏使人不禁想问，是什么引导个人接受一种价值体系，而不是另一种？

沃尔泽的理论之所以有力在于他使用了多元领域（a plurality of spheres）的概念作为其正义的基础，并因此把一体化描述为多余的或有害的，而这似乎并没有比"领域"或"系统"理论走得更远，因为在实践中，它不能解释代理人动机的原因，这些代理人在这里受到的是约束（如传统）而不是自由。

六、问题呈现

因此，效率所需要的领域的多元化（the pluralization of spheres）在效果上却被削弱了。产生效果的过程变成了分散的逻辑产生过程，而这完全无涉伦理的实质。

可以看到，技术的支配证实了海德格尔关于实现"主体性形而上学"的分析［HEI 58］。一个主体意志被引导朝向了一个既定的目标，而这个目标追索的是完成它自身过程的闭环。那么，对这样的主体的反思，至少在最严格意义上说，似乎已被一种无中心的多元化领域所抛弃了。

然而，技术的形而上学成就以及形而上学在其成就中的消失到底意味着什么呢？这可以被理解为统一性的丧失，一种一切都要被整合起来的形而上学方式的丧失，以及由效率逻辑所定义的领域呈现出的碎裂、去中心化和赋权状态，这种状态使得它们的无限发展成为可能。

新的不公正现象以非常具体的方式表明了这一点。一方面，如同霍克海默和阿多诺［HOR 74］所说：**启蒙运动的辩证法**走向了它的反面，即出现了理性承诺拯救我们这样一种神话。效率逻辑的不断发展，物极必反，开始（从一个被管理的、官僚管理的社会那里）回避我们，疏远我们。它导致的暴力，不仅造成了对自然的剥夺，而且造成了对人管理的蚕食。

另一方面，正如沃尔泽所说，不公正也来自不同逻辑的交叉。一种逻辑遭到扰乱，另一种逻辑也会受到牵连；一种商品的占有会决定另一种商品的占有；由社会接受的分配逻辑所分配的某种商品，实际上已经超出它的支配范围了，由此导致的不平等也是一种暴力，尽管这种暴力常常被拒绝承认。不公正的产生是由既定逻辑的发展以及它与其他逻辑的关系同时决定的。

由此，我们可以提出一个关于**效率（efficiency）**的问题。

1. 问题 1

为什么无论其自身还是和其他关系一道，效率逻辑最终都将导致不公正？

为了与这种不公正现象作斗争，是否有可能调动哲学上已经确立的伦理资源？在我们看来，在伦理上实现自由的想法仍然是有意义的。必须将这一自由置于与我们此前所描述的那些动机的不同层面。然而，这些动机也必须从其本身的角度，在现有维度内部获得意义和辩护。

这使得我们需要提出一个关于**效果（effectiveness）**的问题。

2. 问题 2

是否有可能将自由（实际上是一种道德成就）视为独立于主体哲学或自由意志①之外？

自由意志首先试图确保对突发事件的控制。为此目的，它力求进一步完善和缩小效率逻辑（其以利益为基础的技术是一个占主导地位的方面，但不是排他性的，因为也有侧重于价值的逻辑，例如国家的稳定或国内和平）。考虑到存在或现实基础，伦理自由是否能够有效地超越多元和自治的逻辑？

因此，接下来的问题是关于**效力（efficacy）**的。

① 当然，这并不意味着否定每个人的自由意志，而是将道德效力视为独立于它的假设，作为对其行动动机负责的假设。

3. 问题 3

在什么情况下，动机是自由的这一事实会影响逻辑在运作中的效率?

如果有必要把这三个问题结合成一个问题来理解，那么将需要审视多个领域。由于不公正是由逻辑（通过逻辑的扩张式发展或逻辑间的交叉，即其中一种逻辑被附加在另一种或多种逻辑之上）造成的，所以需要寻求自由这个维度（例如，一种非逻辑因素，如果认为动机的自由与逻辑无关的话），因为它同时也卷入了逻辑及其发展中（如果有必要从这样一个维度影响这些逻辑）。因此，这是一个考虑这些逻辑之间的关系的问题，但不是以静态或精准的方式。随着这些逻辑的发展，它们之间发生关系本身就是一个过程。然而，如果要自由，则这一过程本身就一定不是逻辑的。

因此，概括整个导论的全部内容，得出关于**效力（efficacy）**的一般性问题如下。

4. 问题 4（总结）

如何能设想一个虽然不符合逻辑，却能够对效率逻辑产生伦理影响的可行性过程?

自黑格尔以降，不管他的继任者试图对这个术语进行怎样的（历史）过程修改，它都会被认为是一种内在逻辑（辩证法）。即使不考虑理性，仅仅为了理解，逻辑的一致性也会被认为是通过消除过程当中以及过程结果上出现的障碍而存在的。正是依靠这种一致性，我们得以向前行进。然而，没有什么能够纠正逻辑的发展。那么，是否有可能将重点放在其他地方? 比如，有没有可能，放在可行性上，通过去关注某一行动的具体过程，以此来阐述、扩展或修正这样一种逻辑？

效果的丧失表明各领域之间的关系是不合理的。但与此同时，这种关系又总是已经被建立起来了，这是因为它们分开的是不同的机构（学校、教堂、市场），而不是"你和我"［WAL 07］。想要阻止这样的领域间关系是虚幻的。同样地，我们都已经陷入一种由一套已经存在的效率逻辑定义的境遇当中了。否认它们的存在是徒劳的。然而，在与它们打交道时还是有必要采取一种立场，如此便有可能在它们的一致性或内部关系方面对它们进行修正。应尽可能通过反思那些逻辑试图控制的偶然性来给出解释。这是一种在效率逻辑之间**设想（envisaging）**关系的情况，它与所有效率逻辑间的关系是**自由**的，因而也是消除了异化的，同时（由于它们的效率性）也是有效的。

虽然这个时代是一种分化过程的一部分，其中唯一可以设想的过程是效率逻辑，而且效率逻辑走到极端必会导致不公正，但还是有必要质疑一种非逻辑的过程，即逻辑的效果是否可以被缓和，其结果是否可以被抵消。

七、本书主线

至少在前两部分，一个共同的线索会倾向于正义。事实上，它似乎能够提供深入了解逻辑效率的途径。为了消除误解，我们必须重申，问题不在于公正与效率之间的关系（这可能会引起法律与市场之间的相互作用问题），也不在于道德与正义之间的关系（这将导致一个或另一个谁具优先权的问题），而在于道德与效率之间的（有问题的）关系，并因此涉及效力问题（在另一个层面上，试图实现阿玛蒂亚·森在道德和经济之间寻求的调解［SEN 88］）。为此，有必要关注扩张逻辑／稳定逻辑（logics of expansion/logics of stabilization）这样一种二元对立。后者，由于其具有的整合能力，因而与效果（effectiveness）密切相关，并因此来对抗扩展逻辑带来的离心力。这终究只是个逻辑问题，因为其中没有任何真正的秩序可循。如此一来，就成了一场逻辑间的相互游戏。然而，道德成就不能仅限于此。因此，我们建议分三个阶段推进。

第一阶段将着眼于将扩张逻辑的多元性带回到效率通用的一致性上来（针对正义的提问，不管可能给出多少答案，都要表达出这种一致性）。为了保持效率的一致性特征，我们在表达这一问题的同时也将表明它日后随时都将接受纠偏。

第二阶段将试图使稳定逻辑的多元性恢复到效果通用的一致性上来（同时寻求表达这一逻辑的正义问题）。

第三阶段将在重构效果概念（或实现道德自由）之后致力于（根据其各自的一致性）将效率逻辑纳入效果逻辑之中。效率必须在其多元性以内从效果中恢复出来。这种融合一定不仅仅是为了更具逻辑性，而应是其效率多元性的一种伦理性的发展。

尽管我们开头用两章来专门讨论正义问题，但这并不会令我们偏离主题。事实上，它们促使责任的定性尽可能地缩小了（作为直接针对客观非正义的一种活动），但并不包含任何关于责任的教条式的定义。此外，相较于简单的经验性定义，这样做将有助于以一种更普遍的方式来确定影响研究和创新的理性的类型。

第 1 章 扩张逻辑与还原主义
效率中的正义问题

　　扩张逻辑的典型例子是以追求利润增长为目的的经济逻辑。这类逻辑不懈地、永无止境地追逐利润增长和持续性扩张，而且从没打算结束这一进程。它们是建立在对康德和黑格尔的理解之上形成的以还原主义为主要特征的逻辑产物，并对之加以赋权和多元化。这意味着，它们也只对对象的客体化过程感兴趣。它们会通过创建情境模型将过程简化为一组参数，并进而对某种外部标准产生影响。这种标准可以是利润，而且一般来说，这类逻辑真的会将焦点放在利润回报上（今天，包括知识本身，无论是人文科学还是自然科学，在某种程度上也确实是用来牟利的）。当然，这类逻辑有时也会稍微偏出，被用于获取类似正义这样的社会效益。它们必须复制还原主义理性的形式，并将思考范围限定在一个或多个外部标准的效果以及将之诉诸模型化某种情境的方法之上。这意味着，最后得到的一定是一个有问题的框架，我们现在就来简要概述一下。

1.1 | 成问题的问题框架

这种推理可以说是一种对政治正义进行反思的"抽象"方式。这种抽象的哲学意义是什么呢？

一种普遍的、相对一致的说法是，规范正义理论就是要提供一个或多个分配社会稀缺资源的规则以及推广这些规则的理由，并使得它们变得既可信又可行。规则因此成了正义的参考以及进行分配或再分配的行动指南。由于这里只涉及所谓的"事实（facts）"［那种有形的"偏好（preferences）"或"好处（goods）"］，所以规则应该就是根据事实制定的，规定了人们在面对这些事实时应该如何行动。**在规则的客观化过程和事实的被动特性之中就存在着方法的抽象。**①

通过关注许多重要的二分法——在一般意义上，这可以帮助政治正义问题在文献中建立分类或提供参考②——我们来尝试研究这种"抽象"特征的内在逻辑。

规则的设定必须与事实有关。首要的问题在于了解采取哪种方法来制定规则。一般认为，这样的方法可能会被认为是"集合性的（aggregative）"。社会选择理论在回应肯尼斯·阿

---

① 具有合法性（科学和正义）的抽象如同一颗钻石，上面闪闪发光，底部锋利无比。
② 瓦莱丽·克莱门特（Valérie Clément）的著作［CLE 08］，书如其名，清楚地检视了经济正义理论。在本节中，我们特别关注的是第 2 章："当代正义理论的迷宫"，它实际上解决了一个更广泛的问题，可以用来作为检视和建构许多当代正义理论背后逻辑的基础。

罗（Kenneth Arrow）［ARR 74］[1] 和约翰·纳什（John Nash）的观点时，尝试在博弈论框架内重新设想交易理论，并试图建立一种规则，利用个人**效用（utilities）**的集合（aggregation）来处理公平分配问题。在这里正义成为社会福祉的功能。平等主义（egalitarian）的正义理论则选用了另外的进路：起始于一种预先确立的平等原则。但是，当人们试图回答阿玛蒂亚·森（Amartya Sen）的问题"是关于什么的平等"［SEN 80］时，分歧随即就产生了。因为这意味着接下来还需要回答一系列问题：正义应该在哪些方面要求个体的平等，在什么程度上或在什么条件下要求个体的平等？我们应该强调，一种集合性的方法可能会导致一种平等主义规则的表述。方法问题的确是首要关键的问题，的确需要一种方法来确定与事实有关的规则。

　　然而，想建立关于分配的规则仅仅有方法是不够的。通常还需要为规则寻求一个可靠的基础：无论是通过内省，还是对个人的道德信仰的呼吁；是直觉可获得的，还是需要通过建构获得；无论是需要分两个阶段进行，还是从原初立场出发[2]，或者甚至是通过罗尔斯（Rawls）的"反思均衡（reflective equilibrium）"法。总之，我们都需要为规则提供一个基础性依据，从而为其奠定一个坚实而稳定的基础，以确保它在正义领域内面对其他规则时能够具有合法性，同时也有助于它去抵抗那些反对力量。简言之，规则需要一个防止自身崩溃的基础。

---

① 应该想到这里提供了一个负面的结果：不可能在满足不需要的公理的信息背景下通过个人偏好的聚合来实现理性的"集体选择"。
② 见［BAR 89］的第 7 至第 9 章。巴里（Barry）捍卫的是一个直观的立场，但并不是罗尔斯（Rawls）赋予这个词的意义。

一旦确定了方法和基础，接下来则需要框定该规则的适用范围：它所要处理的正义问题是宏观的还是微观的[①]？它是在哪个层次上来评价分配是否公正的？所要处理的问题是一般意义上的，组织性的、社会制度层次上的，还是关于某个群体具体的分配问题？在适用范围内，它与事实应该是什么关系？

在方法、基础和应用范围确定之后，还应明确规则的应用领域。这是一个普遍的或多元理论的一部分吗？在法律上它是否适用于整个社会以及社会中任何的经济或政治背景？它是否应该局限于如罗尔斯主张的那些预先决定的社会类型[②]，还是如功利主义者所言，应该只接受一个规则，抑或需要考虑一系列规则？如果是的话，是应该在不同时段分别应用这些规则，还是应该将它们统合起来？到此为止，都是在具体说明规则所要适用于实际情况的条件。

当关于规则的方法、基础、适用范围和应用领域都确定以后，还必须确定一种参考系。其中主要包括结果主义和程序主义理论。要么是根据使用规则后所出现的后果来评估规则的公正性，要么是从产生规则的程序本身达成最终分配的公平，无论如何，规则的采用首先必须得使该规则在使用情境中具备合法性。

这些最重要的，并且针对当代政治正义的反思给出了深刻的洞见的差异，在两方面揭示了决定这推理过程的抽象逻辑。如果一个规则必须是以一种与事实相关的抽象方式来指导人类决策的话，那么就必须给出应以何种方法来确定这一规则的理由。随

[①] 这些术语是在［KOL 96］中被定义的。
[②] 参见［RAW 05］，其中提出的问题是"提出一个可适用于民主宪政体制……的正义的政治概念"。

后，必须通过为该规则奠定坚实的基础，从而使之能在反对意见面前确保其稳定性，防止其自身因事实而崩溃。由于对规则的抽象需要在其与上下文的关系中界定出精确的定义，因而必须要确定规则的适用水平和应用范围。同时，为了能够在规定情境中建立起规则应用的合法性，还必须确定合理的理论参照体系。

所有这些特征汇集在一起才能提出一个明确清晰的正义问题。

1.2 | 其显示范围

所有的注意力都集中在**公正分配**（just distribution）的规则上，这不是巧合，而是推理本身的抽象性质的结果。

结果主义与程序主义的二分深深植根于道德哲学，并与目的论和义务论的二分相对应。前者的伦理依据是什么使生活更美好，而后者则认为道德是通过严格遵守法则来履职的，而不是通过考虑行为的后果。[1] 这种对立进而加深了什么是善与什么是公正、道德成就与屈从法则之间的二分。

罗尔斯在拒绝功利主义时一开始就说："伦理的两个主要概念是关于正义和善……因此，伦理理论的结构在很大程度上取决于它如何定义和连接这两个基本概念［RAW 09］。"难道关于善的理解不是关于"什么"的，而是关于"如何"的？那么，接下来在谈到公正分配问题时，当我们认定正义意味着知道"如何"分配"什么"，并且能够利用这条"规则"来分享这些"善"的

---

① 与"道德"相比，这是"伦理"最一致的特征之一。保罗·利科（Paul Ricoeur）勇敢地试图证明这两者并不矛盾［RIC 03］。

时候，我们要如何才能将二者整合起来呢？

规则是否公正，其标准取决于它所允许的后果或者它所采用的程序，而不在于真正的后果如何；取决于是什么东西令结果是"善"的，或者能够表明程序是"公正的"那些事实。无论如何，被拿来分配的东西是"货物（goods）"，而"公正（just）"关注的是如何分配它们，此后才会产生规则。

寻找制定规则的方法和规则基础的进路，一种将决定这个规则的适用程度和范围的进路，以及能够为这个规则的公正性提供依据的进路，因而也是一种与事实相关的规则安排的进路在被采用前一定已经做出了一种区分：即所涉事实的合法化与规则的合法性之间的区分。正义是以规则与事实之间的这种关系为基础的，存在于对实施规则过程所产生的事实的分配过程中。正义问题将表现为一种正义的分配。

同样，当考量分配是否恰当时也需要这样做。为了制定一个与事实相关的客观规则，同样先要框定用何种方法来产生规则，然后才能为规则确立一种基础，以防它塌缩回事实层次。

在这里，必须强调的是，无论给出的答案和捍卫的规则如何，在还原主义（reductionism）视角下理解逻辑的抽象都会碰到与效率逻辑的扩张相关的、确定而明确的关于正义的问题。在这类逻辑中，正义的内在连续性将始终存在于如何进行恰当分配这一过程中。

做这样的定性描述（characterization）可能要涉及一些简单的假设，我们随后再做考察。

1.3 | 进一步澄清

1.3.1 一些被忽略的方面

上述这一进路会忽略某些方面，我们将就其中四点来进行讨论。我们先不去处理它们那些成问题的特征，到必须考虑是否可能将效率（efficiency）扩大到效力（efficacy）时，我们再去关注它们。最初，它们好像只是一些中立的、不具任何攻击性的假设，那是因为它们已经被包含在逻辑的效率当中，因此变得不可见了。马上进行的对这一方面的澄清仅仅是初步的。

把追问一个公正分配的问题作为寻求分配（那种有形的，事实性的①，忽略其具体定义的）"货物（goods）"的规则的一部分，这种进路为形式方法（the formal approach）提供一个隐含的框架。

首先，需要确定一个**稳定（stationary）**的点。因为只有看到一个单一的、固定的、可识别的和明确的解时才能确定它是曲线运动还是直线运动。帕累托准则（Pareto criterion）似乎可以对此给出指导，但由于它包含了太多的解，因而结果反而变得不太确定了。此外，当我们需要它提供的解与一条曲线相交时，比如，能够去表达一项正义原则时，我们需要的是一个明确的可识别的结果，一个数学上的均衡的点，一个位于两条交叉线上的交点。

其次，我们还需要定义一种方法，该方法是**外在于（external）**

---

① 无论是"揭示的偏好"，还是平等的目标，"货物"的含义总是包括客观的要求，并与所需的效率挂钩。

货物（goods）的，那是一些待分配、待客观化、需要保持距离的、需经仔细审查、待评估和估价的被动的事实。它们被认为是有价值的，因为通过理性论证后人们可能或应该去承认它们的价值。但是无论如何，它是惰性的。

它虽是惰性的，却躁动不安，这是因为分配本身就是不公正的，非正义从一开始就存在。为此我们需要设法寻求一种**控制**（control）。事实上，这将是对好处（goods）的控制。有必要对错误的分配及其造成的伤害进行纠正。此外，针对好处的分配需要根据正义理论进行调节，并最终令其获得控制力。

这种控制必须由理论工具的融贯性（coherence）来提供。即是说，要在一个严格的不矛盾的意义上，按照一个可理解的计划来进行。它将以接近**穷尽**（exhaustiveness）的方式在相互交织的事实中贯彻。

将这个结果固定在一种外在方法中，就可以通过依赖一种近乎穷尽的融贯性来控制事实。这四个特征定义了我们所谓的抽象方法背后潜在的还原论。接受它们意味着，将事实的复杂性降低到有限的变量集合之内，这些变量由规则构成，其中包括一个完全一致的可理解的计划。在其结论中，这种融贯性掩盖了事实复杂性的若干方面，这些方面由此变得不可见：它们不仅没有被表述，而且不可能在强加的连贯的可理解性计划中被加以表述。

因此，能够控制这一事实的有效的一致性是建立在与意外情况相反的基础上的。它并不试图忽视偶然性，而是肯定了控制其不公正后果的必要性，并从这一点出发，发展出了其可理解的计划的一致性。因此，在效率和偶然性概念之间便建立起了一种对等的互动关系（reciprocal relationship）。

1.3.2 根除与琐碎

还原主义和抽象主义作为方法本身来讲就会导致对事实多样性的**根除**（uprooting）。根除的发生是偶然的。根除是通过识别对情境建模的有效参数来实现的，这些参数此后将被用于控制另外的参数。这种抽象性的逼近受到了分配正义理论的庇护。效率逻辑的一致性是建立在它创造出来的简单易懂的计划基础之上的，它对这个视角背后隐藏的东西毫无兴趣。这一点应该好好谈一谈。它不仅是一种对知识的态度，而且是一种存在主义关系，在占有和安置世界时，需要加以考虑的一种关系。必须认清这种根除是什么，它其实是一种选择：接受什么，对什么进行必要的扭曲，否认什么和从相关对象中移除什么。还原论通过将它从一种存在主义态度中分离出来，从而放大了这种根除。它允许逻辑代理进行匿名操作，就像盲点一样。但是，还原主义只有通过存在主义才有可能产生立场，获知不要做什么，不应该成为什么，或者注定会失败。恐怖主义就有这样一面，体现在其最惊人的表现上（spectacular manifestations）[1]。还有一些方面体现在利润逻辑（logics of profit）中，借由语言这种具有不透明性特性的媒介。隐藏了看不见的东西，忽视了应该揭示的东西，不是仅仅因为懒惰，而且是为了确保效率。屠杀那些与自己不同的人，就是因为他们根本没有去想这种差别是什么，并且忘记了这种忽视。由于根除所具有的效果，使它已经摆脱了令人毛骨悚然的根除的那种形象，而被定义成完全相反的含义。两个占据 21 世纪初的典型

---

[1] 当然，我们使用了居伊·德博（Guy Debord）[DEB 92]的术语"奇观"一词。

的根除案例是"9·11"和金融危机[1]。

然而，根除总是与**琐碎化（trivialization）**有关。根除与其内部丧失继承权的恶化过程有关。根除与偶然性有关，当里面只有琐碎的东西，意味着只是自满地放弃了欲望和混乱。在第3章中，笔者将试图证明，偶然性完全可以是另一回事。就目前而言，笔者应该强调这种同化具有强大力量的一面。惊人的恐怖事件的发生事实上是对顺从社会的琐碎之处（对简单需求的管理）的根除，只是它没有看到其本身正是对它所批评的东西的一种拙劣模仿。正义监管（administation）不知道如何界定愤怒这样一种行为。抽象地看，的确某些行为是有害的，但愤怒并不在列。这只是意味着这种监管是将琐碎作为唯一的目标。它是在效率逻辑无限期扩展的条件下来管理物质产品生产的。分配正义理论无意中认可了对可计算性和可预见性的客观性还原，其他再无可能，因为它们自身的逻辑就聚焦在效率上。对他们来说，琐碎完全可以从目前的框架中被丢弃，只保留作为衡量某一特定社会类别的迫切需要的那些手段。不要误解，这并不是说它不重要或不作为构成正义问题的基本要素。但是，我们可以质疑这种将关注范围仅限于此的短视行为。即使无助于在这一反思中揭示盲点的工作，我们还是要继续追问分配正义的问题。

在这个阶段，我们相信为了说明正义理论需要给出一个例子来说明其目的在于纠正效率逻辑的自主发展。扩张的正义逻辑的内在一致性也必须与根除和琐碎的存在主义态度更明确地联系起来，以便逐步阐明它们的哲学意义。

---

[1] 金融家们痴迷于他们复杂的数学模型，对经济现实的盲目性以及狂热者对神圣文本的野蛮解读的痴迷，都意味着一种根除。

1.4 | 典型内容 [1]

1.4.1 帕累托效率

为了能够对接下来将要探讨的罗默（Roemer）的建议给予一定的重视，这里有必要稍微转移一下注意力。在传统经济学中讨论效率就意味着参考帕累托法则。在这我们不去关注弱或强的帕累托最优与帕累托无关之间的区别，只需记住它本质上是一个共识法则即可。帕累托法则规定，如果一个社会经济状态能提高至少一个人的满意度而不降低其他人的满意度，那么它就是有效的 [2]。它提供的是一个除了人与人之间的效用比较之外明显没有任何伦理参考的规范性准则，因而它是将自身建立在一种严格的以信息为基础的排序框架之上的理论。

在帕累托看来［PAR 17］：

当一个社区处于 Q 点时意味着它可以使所有人受益，带给所有人更多的快乐，那么，从经济的角度来看，假如想要使这个社区的所有个人都受益，显然最好不要在这里停下来。如果行动对所有人都有利，那就要尽可能走得更远，直到惠及所有人。当

---

① 在这里，我们不打算在康德哲学意义上使用这个词，也不打算使用韦伯（Weber）要表达的那个词（"理想类型"）。相反，我们指的是一个有代表性的例子，在它的结构中，在它的明确和隐含的假设中，我们现阶段所关注的一般理论方法。这是一个例子，它提供了明确但有特点的内容，进一步超越了它自身的局限性的一般逻辑方面，这是本章的重点。

② 请参阅［FLE 96］中的第 2 章，了解帕累托（Pareto）原则的易懂解释，该章还介绍了与这些原则相关的主要问题。

达到 P 点时，即不可能走得更远时，就需要考虑是停在这里还是继续走下去，此时就有必要求助经济以外的其他因素：比如，基于社会效用、伦理或其他的一些理由，去决定哪些人可以受益，哪些人可以牺牲。但是，从严格的经济角度来看，一个社区一旦到达 P 点，它就必须停止了[①]。

社会经济变革只有在惠及每个人，在增加某一个人的满足感的同时，不是以惩罚另一个人为代价的情况下才是合法的。这是对效率概念通常的理解。

这一点很有力量，如果将之与福利经济的两个基本理论相结合，这种观点就更有说服力了。第一种理论观点认为，在正常条件下，经济中的任何一般竞争均衡都是帕累托最优的。第二个理论认为，在更严格的条件下，任何帕累托最优状态都可以在指定的初始财货（initial goods）分配条件下，由竞争性市场来实现。

因此，在帕累托标准的意义上，似乎竞争和效率之间具有很强的关联。应当指出，在作者看来，这一标准是独立于任何伦理和价值考量的。对此有着一些非常有力的推理辩护[②]。在这里，我们只想解决两个问题，从伦理的角度强调这一标准的弱点，并试图主张将帕累托效率延伸到可以包含道德参照[③]。

第一个问题涉及帕累托标准的**福利主义（welfarism）**内涵。

---

① 引自［FLE 96，p. 38］。我们强调"稳定点"的概念，这与经济过程本身就像扩张逻辑一样只能持续发展这一事实相矛盾。

② 应该注意到这种方法所固有的个人主义，以及可获得信息的重要性：完全知情的一致意见显然不同于另一个不太知情的一致意见。所谓的不偏不倚（不偏袒某一个人，但总是为每一个人的利益行事）的做法，本身也许是非常合乎道德的。

③ 我们不会在这方面区分"道德"和"伦理"。

最初，这显然是作为定义何谓"幸福"或"满意"的个人的一个参考信息来使用的。这些都属于个人偏好，正如市场上的个人行为所显示的那样，构成了帕累托福利经济和社会选择理论的信息基础[1]。

为了达成平等主义的要求而将其作为评估个人状况的一种依据（这种情况已在实际中以不同的方式表现出来），福利主义因此受到质疑。由此产生了第二个问题：帕累托标准允了可以在实践中采用可能是极其不平等的解决办法。马可·弗勒拜伊（Marc Fleurbaey）举例道："让一个人拥有所有一切而使其余人口全部死于饥饿，这样一种解决方案可能是最有效率的！"[FLE 96，p. 31]。不可能在不降低这个拥有一切的个体的满意度的情况下，提出可以改变这种情况去养活其他饥饿个体的解决方案。因此，即使这个人可以使用他或她的否决权，但是在改变局势方面也不可能达成一致意见。

福利主义和对不平等的无差别对待是要求对帕累托标准进行伦理修正的两个方面。由此产生的问题是：帕累托标准能够因平等主义要求而获得完善吗？

1.4.2 罗默使用的形式化工具

在讨论罗默（Roemer）是如何试图做到这一点之前，有必要简要概述一下他为此目的修改的形式化工具（formal tool）。

它是社会福利的一个函数[2]。这个想法最初是由森（Sen）

---

[1] 然而，应当强调的是，正式的福利主义允许对效用指数作出客观的解释。这可以采取有关预期寿命、营养或水平的信息形式。比如教育。

[2] 对于所有这一节，[CLE 08]的工作对笔者来说特别重要，使笔者能够深入了解文献，并对所提出的论点有一个简明的了解。

［SEN 70］提出的，他不像阿罗（Arrow）那样是基于个人偏好进行推理，而是基于它们所代表的效用函数。因此，"函数"是一种聚合（aggregation）规则，它完成了从个体效用到集体选择的过渡。

两个最著名的例子是功利主义规则（utilitarian rule）和词汇应用最小规则（leximin rule）[1]。

阿罗（Arrow）的公理导致不可能聚合个体偏好，因而被转置到这些函数的框架中。帕累托标准就是其中之一。此外，这仍然是指在确定社会选择时只能考虑到个体效用函数所包含的信息的情况。

正式的工具，即函数，虽然被罗默所采纳，但他根据福利主义所产生的伦理要求对此进行了修改。事实上，目前还不清楚福利是不是与社会选择相关的唯一信息。曾有人提出过若干相反的论点。其中最有力的论点与偶然性有关，即当信息仅限于效用时会影响评估结果。

首先，只考虑效用意味着同时暴露在可调整的偏好和昂贵的口味中。每个人对其偏好的评价显然将取决于其存在的偶然情况。根据他们的社会地位，他们的期望将被调整，可能会导致他们忍受剥夺，也可能导致他们对奢侈品的品位发生改变。因此，这项评价将由一组不同的、异质的决定来进行。

其次，另一个论点是针对这些信息的主观特性的。由于每个人发现自我以及那种不可剥夺的自由的情境都是偶然的，因而他们在制定自己的人生计划和定义什么是人生的成功时便都是独立

---

[1] 使用最大值的重复（最大化小康的情况下）的词汇应用。

进行的，如此一来，如何就这种个体福利进行比较呢？如果借由对"满意度"和"偏好"的判断是个体形成理解的方式，那么如何才能将这种方式纳入考量呢？自由难道不就是使个体对效用的判断变得无法衡量的东西吗？

福利主义和主观主义弱化了这一标准，使其有必要在平等主义的方向上对其函数加以调整。

1.4.3　罗默意义上的效率与正义

我们先来重点讨论一下平等，这是罗默理论的核心推动力，并且正如我们看到的，正是这一点构成了对帕累托标准的反对。这一概念是在反对偶然性的情况下得到确认的。这两种思想是通过责任的概念以一种互补的方式加以界定的[①]。偶然性出现在许多层次[②]：每个人都有特定的天赋或能力，这取决于遗传；人们活在各种各样的社会环境下，例如父母的职业状况；最后，是运气与不幸，比如是生病还是健康，等等。即使在最明确的预先规定的状况下，在某种程度上，也还是会有运气或不幸的可能性存在。在这三个层面上的偶然性强化了个人之间的不平等。正是由于个人对这些情况是无法负责任的，因而使事情愈加变幻莫测，人们无法根据将来是否受到制约以及受到什么制约而在当下做出决定。**偶然性被消极地定义为一系列关键条件的盲点，这些条件不能被代理人掌握或控制，因此不可能有个体对其负责。**

因此，有些不平等与个人决定无关，个人不应对此负责。罗

---

① 目前，我们正根据罗默（Roemer）给出的操作概念，专注于"责任"，而不是试图为研究和创新提供"负责任"方法的定义。这是一个显示偶然性关系的例子，它引起了公平分配的问题。
② 关于这三个区别，参见［RAW 09, p. 128］。

默正是在这个层次上提出了他的纠正方案［ROE 93］[1]。这是一种机会均等化的企图，因此，也是以物质商品为参照，个人在反对资源均等化的情况下做出选择的各种可能性（见［CLE 08］的第6章）。

在以平等为重点的这类推理的一个典型姿态中，它初步区分了个人负责的变量（他们的"努力"）和他们不负责的变量（他们的"才干"）。它定义了一种情况的公正，在这种情况下，付出同样努力的个人无论其天赋如何，都能取得相同的结果［ROE 93］。它区分天赋领域，因此，在每个领域内，影响个人给予的努力水平。同一领域内结果的变化完全取决于个人的责任。因此，将这些变量置于个人责任之下的不平等被宣布是公正的。

在这种注重平等推理的典型框架下，罗默对个人应负责的变量（他们的"努力"）和不应负责的变量（他们的"才能"）进行了初步区分。他定义了一种公正的情况，在这种情况下，只要个体付出相同的努力，就能获得相同的结果，而不管他们的天赋如何［ROE 93］。他区分出一个天赋领域，它会影响个人所能付出努力的水平。这样一来，同一领域内结果的差异将完全取决于个人的责任。因此，这些与个人责任之下的变量有关的不平等（inequalities）就可以被宣称是公正（just）的。

该准则使用修改后的函数来表达，个体结果因而得以聚合。然而，这种聚合的可比性并不是从幸福的层次来阐述的。它基于

---

① 应当强调的是，他并不是唯一一个探讨过这种纠正的人。范德盖尔也做了同样的事，在同一年［VAN 93］，他也使用了一个修正的社会福利函数。另一个正规的规范经济学派研究了这一平等主义目标。它的代表是 Fleurbaey 和 Bossert［BOS 96］。从"环境"和"野心"之间的区别来看，相关变量和不相关变量之间的差异也可以在德沃金中看到，这是捍卫"资源紧张"平等的核心所在［DWO 81］。

诸如预期寿命和教育水平这类客观信息。该函数因此来表达对不平等的厌恶，并将其与相关变量和无关变量之间的区别联系起来。它结合了从罗尔斯那里借来的**功利主义求和与运算（the utilitarian summation and min operation）**。它是功利主义的，结果的差异可以归因于个体所付出的努力。但这没有起到纠正的作用，反倒使平等主义的含义变成了是由不同天才造成的不同的结果。它就是所有层次上最小效用的和。因此，社会经济状况是根据每一地区所选择的责任程度的最低机会水平进行评估的。

这样，平等主义的要求就可以做到对帕累托标准的补充。效率由此扩大到包含了平等。它因此明确地在正式表达中纳入了道德考量。

1.4.3.1　根据罗默的建议验证被忽视的方面

使用这个例子就有可能回到被抽象方法所忽视的方面，即定义还原论的四个要素：静止的图景，外部性，允许对事实的控制，包括旨在达到穷尽的可理解性计划。

罗默函数是建立在一种静止图景之上的，这一图景是这样的，在某一社会中，对不同层次的人才禀赋进行分割，并对所付出的努力程度进行竞争性的衡量。它建议对个体取得成果中的责任程度进行统计性衡量。不同的天赋类型意味着不同的努力程度。无论起始位置如何，个人都要对达到给定结果所需的能量负责。一个可能作为说明"天赋"的例子是母亲所属的社会专业化类型。其中衡量付出努力的一个指标可以是所取得的文凭。如果白领工人的子女中有 30% 获得高中学历，30% 的蓝领工人子女获得职业资格证书，那么就可以认为，这两类儿童如果能够分别获得高中学历或职业资格证书，就表明他们做出的努力程度是相同的（见［CLE 08，p. 258］）。

这个分类因而变成固定的。关于"天赋"或自然禀赋之间的分类是静态的，而对努力的统计计量则假设不论个人的情况如何，这种努力都是有可比性的。天赋和努力被认为是外在的。事实上，我们考虑了被认为能够充分反映这些条件的客观信息。因此，这些是可变的、有形的和事实上的客观变量，既代表了揭示代理人责任的要素，也反映了行动者无须负责的要素。

该理论规定对个人不负责的数据进行更正。因此，它要求进行重新分配，以纠正与意外情况有关的不公正、不平等的现象。

这是一个控制事实以纠正客观分布的情况。

此外，罗默确实在一个单一的可理解性计划中提供了一致性，该计划寻求用尽有关正义问题的客观信息。有一些信息揭示了个人的责任，而那些确实揭示了其缺失的信息。两者都包括有形的、可衡量的事实。同时，考虑到信息的穷尽性。如果我们坚持所建议的理性计划，所有相关信息都会被考虑在内。天赋类别涵盖清单所列举的所有情况。对努力的衡量也确保了个人责任的水平会获得考虑。

因此，在固定的外部方法中，正义问题将因使用事实资料而穷尽。它将被"简化"为纯粹的事实，所提供的是一个有关正义的、纯粹的、客观的、纵横交错的社会网格（grid of the society）。从这一点出发，所有不符合事实的事物都被隐藏起来，并被谴责为默默无闻。

一句重要的话：这里的问题不是天真地拒绝客观性及其对效率逻辑的重大贡献，而是探讨其假设，以便使它能够更公正地运作，并重新确立它作为有效进程的一部分所提供的效率。

1.4.3.2　根据罗默的建议验证关于根除和琐碎上态度的重要性

然而，仍有一些问题隐藏着。这些都可以部分地被根除和琐碎的哲学概念所揭示。

第一，在揭示代理人的责任和不承担责任之间存在着非常严重的分离，这是有问题的。这表明了对那些惰性的琐碎的根除。然而，事情不可能这么简单。罗尔斯已经强调了这样一个事实：努力本身就受到家庭和社会环境的影响［RAW 09］[①]。那么，我们能做些什么呢？应该区分那些在有利环境下导致努力倾向的人和在消极环境中努力的人吗？是否有可能仅仅从人才的角度来把握这一环境是有利的还是不利的？那么天赋本身呢？是否应该区分一个出身贫穷但父母非常爱他的人和一个出身富有却常被父亲殴打的人？每当人们谈论这个问题的时候，按照简单的常识来看，每个人的责任似乎总是比大众预期的要少得多，但同时又比自身预想的要多得多。[②] 当偶然性被罗默理论所激烈反对的时候，我们也许不应将它仅仅视为一种障碍，而是应该把它看作是一种行使责任的机会。

[①] ［HIL 04］重点关注罗默（Roemer）试图回应这一反对意见的事实，之前针对的是相关/不相关差异变量之间的区别：那么，如果相关差异本身依赖于不相关的因素，如果努力依赖于某种形式的人才，会发生什么？罗默试图重新定义相关因素，以便"净化"它们，使之不受任何无关因素的影响。他通过强调他的方法的抽象性来做到这一点。然而，也许正义要求我们面对这种偶然的纠葛，而不是试图解开它。

[②] ［HIL 04］指出，罗默（Roemer）关于区分相关变量和不相关变量的论点只适用于不可预测的情况。事实上，如果相关因素没有受到不相关因素的差异性影响，而是与这些因素有统计上的相关性，则不宜考虑这些情况。例如，如果基因差异在统计学上是相关的，但不是由父母的教育水平引起的。他们回顾了弗勒贝（fleurbaey）在［LAS 98］中的论点，"责任个人之间的平等"，以及在［SAU 96］中遗传差异的例子。

根除掩盖了这样一个事实：努力和天赋来自上游：自个体出生以来，各种条件决定了他们（我们都生活在预先确定的环境中，这是每个人面临的第一条件），各种可能性被赋予了假设这些预先确定的环境的可能性（作为道德参考和榜样等的那些人）以及与这些假设相反的障碍。所有这些都是偶然发生的。在这方面，公正理论的有关要素不能通过消除偶然性而是通过经验来明确规定。

当然，努力必须得到回报。然而，努力本身并不是一件好事。如果它是无序和混乱的，它就会失败，而不一定是不公正的。如果一个人有特殊的才能，他将通过实现伟大的成就而获得蓬勃发展，而这种奖励在公正方面也不一定是不恰当的。这种区别太明显了，需要加以改进。不可能停留在单一计划内（相关的和无关的变量）。这一观点应更加开放，并应考虑到更多的层面，至少如果要保持与正义的牢固关系的话。

重要的是试图界定罗尔斯之后的"初级商品（primary goods）"，强调每个人制定自己的生活计划的自由以及他们对成败的评估，甚至使这种自由本身变得美好，等等。然而，同样重要的是，我们要问发生在我们身上的事情到底是好是坏。我们只能在它发生在我们身上时才知道吗？是不是很久之后才能意识到呢？或者可以这样说，无论是什么样的事件，我们对它的反应方式，接受它的方式，都是关于它是好是坏，而不是事件本身？如果是这样，我们能对这样一种反应负责吗？毕竟，它难道不是来自最古久的时代，不仅来自我们的影响，也来自很久以前，在形成阶段我们所作出的决定吗？

在审视正义问题时，是否有可能超越这一意义层次？能否仅就纯粹的事实和客观层面①对它加以审查？或者它与正义理论的关系就此简单地消失？详尽地界定需要考虑的客观信息并借此进行区分②，表面上看，就是区分出什么是代理人的责任，什么是不意味着规范性决策所必需的责任以及在哪些情况下与它们相关。我们能不能简单地把自己从我们所排斥的琐事（不负责任的弱点）中剔除出来，用几个已经从它当中抽象出来的参数。这是谴责那些没有履行其责任的人③，即使是在纯粹客观的层面上，也没有审查关于是否存在其他资料的情况，而可以改变这一判断的理论没有考虑到这一情况。这是对代理人的奖励④，因此有可能剥夺他们进一步履行责任的权利。

另一个似乎被根除（我们在文献中没有发现）忽视的方面是：责任是对自己的责任，也是对他人的责任。努力是为了自己，也是为了帮助家人、朋友和那些需要帮助的人。也许最重要的是，负责任的行动也在与他人的这种关系中起作用。在某种程度上，这一点可以客观地加以考虑。平等主义的要求是否应该伴随着严格或规范的个人主义？在任何情况下，都需要有衡量谁采取负责任行动的手段以及在何种程度上采取负责任的行动。这突出表明，要以纯粹客观的方式，在外部固定事实的情况下，掌握代理人行使的"责任"⑤是极其困难的。

---

① 应当指出，不是"客观的"不一定是"主观的"。

② 一般被称作"正义裁量"。

③ 难道不应该有"第二次机会"的空间吗？参见［FLE 05］。

④ ［FLE 11］讨论了罗默（Roemer）理论中的"功利主义奖励原则"，即给予那些应该得到额外奖励的人，以及他们努力给他们的"自然"奖励。

⑤ 可以注意到，代理之间的可比性（由责任衡量所暗示），一旦建立在基础方法中，就会导致"减少"［KOL 72，HAR 77］。后者试图克服个体效用函数的异质性，假设所有决定其行为的参数都具有相同的值，那么每个人都将具有相同的效用函数。

另一个经典的论点可以加入到这个推理中。它包括谴责国家对人民生活的专横干涉，这涉及建立必要的客观数据库，但也包括这种分配意味着与平等主义要求相联系的控制。因此，这一理论简化了本身复杂的情况。然而，更重要的是，它使一个国家的威权主义似乎是不可能实现的。施加限制［SCH 05］控制确实是抽象方法的主要特征之一。

因此，在罗默的理论中，这种方法被忽视的方面是存在的。他们向事实和客观的方向发号施令。他们把这些作为再分配效率的保证。然而，风险在于，为了确保这一效率，与正义理论的关系受到损害，其复杂方面仍被掩盖。

因此，我们解释了这一理论对复杂的偶然性信息造成的根除，但也解释了确定因不尊重其责任而被谴责的琐事的困难。只有承受这种失败的风险，通过衡量可能缺失的因素的规模和强度，我们才能表明自己真正负有责任。

1.5 ｜ 关系性结构

构成公平分配问题的正义一致性，既体现了效率逻辑的四个特征，也体现了效率逻辑忽略的四个方面：完全依赖事实，对外部情境进行固定，极尽所能控制所有行为方式（所有相关变量都被考虑在内），重新导向对公正问题进行评估。进一步地，效率进路的四个被忽视的特点，根据根除和琐碎这两种最初立场，会影响到隐藏于此的至关重要的态度。

同时，在考虑扩展逻辑时，会自发地呼吁稳定逻辑。例如，在引入根除概念的一段中使用"行政"一词意思是很清楚的，这一术语通常指稳定逻辑。这是一种"保持在一起"的管理，保持一个可能的永久生活在一起的组织的例子，同时，这也是一个关于效率和竞争的管理问题，甚至也是关于外包和私有化的问题。在这方面，它指的是以扩张为特征的效率逻辑。这是我们到目前为止一直关注的问题。然而，正是这种行政上的扩张，才是为稳定服务的。这里有一个交叉的结构。这一事实不应被掩盖，一般来说，这两个方面区分更清楚，并体现在相反的逻辑中。然而，在这一阶段已经可以看到，扩大和稳定不可能总是如此容易地分开。

效率是指一定程度的稳定性，这并不完全是黑格尔的效果观点，而是严格意义上的在实现了效率逻辑授权之后，效率的稳定性构成的效率的剩余部分。作为效果的标志或残留，必须将稳定作为一个独特的时刻加以考虑。稳定逻辑与扩展逻辑不同。然而，它们都涉及一个明确的正义问题，这可能表明其总体上的一致性。

由于还原论者的重新定位对于正义而言是必要的，如果要将其有效地转化为事实，就可能需要纠正稳定，以妥善处理其问题。如果只保留第一分钟，就有可能失去正义。如果这是正义所需要的——不仅仅是事实的客观决定——一个不可估量的遗迹，即事实背后的自由——非客观事实——这一事实可以通过自由行为来实现。

在这种形式下，转化是公正分配问题的核心。事实上，旨在战胜偶然性的那种平等，因为它是还原论的，因此就其本身而言会对自身也无法证明其合理性的复杂情况视而不见。在实践中，它只能保留其作为隐含的自由水平的合法性。这使我们能够在不利的偶然情况下取得成就。它是为脱离这种环境而付出的道德努力，因此它是有价值的。罗默正是在这一点上在其理论中获得了回报，并和平等概念一样，至少为其理论提供了合理性依据。

在第 2 章中我们将试图表明，实现公正分配的自由是指对稳定逻辑之正义的审查，为此它必须被重新安排和考量。

第 2 章　稳定逻辑中的正义问题
及其有限效果

　　相对于还原主义的、以获利为驱动力的扩张逻辑来说，稳定逻辑（logics of stabilization）则是限定性的（limitative），以维护自身同一性（identity）为核心的。典型的稳定逻辑是法律或宪法逻辑，或者广义上说，只要能够使集体同一性（collective identity）免遭威胁而去追求保持其内在一致性的那种逻辑都是稳定逻辑。扩张逻辑是建立在理解基础上，而稳定逻辑则更强调［通过设立一些规则，这些规则不会衍生，但是会管辖（channel）］一种内在坚守的积极力量。其目的在于维护自身的同一性，使其不受效率逻辑的发展或其他同一性的威胁。从这个意义上说，它们是一种保持的或保护的逻辑。当它们变得具有攻击性时，例如在征服战争中，它们也可以被归类为一种扩张逻辑。然而，应当强调的是，这么分类只是一些惯常做法。在面对无限追求获利的同时，还应积极地维护那些传统的稳定特性，因为传统表明了利益相关者之间的关联和有效协作。

2.1 ｜ 成问题的问题框架

反思与稳定逻辑有关的正义问题，第一点必须使用一种或多种身份去表达受限的自由概念。这种自由概念不是哲学性的，但它是合法的、必要的，尽管还不够充分。这种自由不需要对与事实有关的规则进行先验的同一性确认，而需要对行为发生过程的元素或媒介（我们可以将这两个术语视为等同的）进行确认。偶然性本身已不再是一种意外和偶遇，而是一种动态开放的空间，个体试图在其中确认自身。它聚焦于过程概念，并会首先考虑在哪个维度发生行动。事实上，偶然性过程是与同一性交叉的：它既是它们的内部过程，同时又是它们彼此联结的因素。因为它既是每一个个体同一性的一部分，又与它们分离，所以它得以超越了个体的同一性，并在它们的边界上将它们统一起来。

第二点要考虑的是行动的目的。可以明确地回答，目的是为了维持同一性，也就是维护一些有多个代理组合（协调）而成的单元（不是本体论意义的，而是功能性的）。这样的一种同一性使相互之间原本没有任何关系的力量结合起来（crystallizes），朝着同一方向运动，凝结为一种力量发挥作用，从而达到每个单独的力量都不可能达到的稳定状态。总是在相对意义上说它是一个单元，因为它只是由它所要反对的东西构成的。它只能通过与其他同一性的对立来建立自己，否则它就不可能存在。因此，它在确保它不受其他同一性影响的同时，必须还要保持与它们的联系，因为如果没有它们，它自身也会消失。因此，尽管同一性之间可能存在排斥关系，但是，如果它们并非总是在同一层次上发挥作用，它们就有可能相互包容（每个个体都可以有多个同一性）。事实上，同一性存在层次上的多元化。

因此，第三点就是要考量这些同一性所处的层次。这在最近的法律演变中表现得很清楚[①]，它展现出了一个更为普遍的"全球地方化（glocalization）"过程。国家在制定和维持法律的传统作用方面面临着其当局内部的分裂和超国家实体一体化的双重冲击。与此同时，与国家相比，各地区的自治程度有所提高，决策权得到加强，其中一些地区甚至发现自己可以主张完全独立（例如苏格兰或加泰罗尼亚）。我们可以看到，国家正在融合成更大的实体，并出现了界定反人类罪的国际性立法，并设立了实体机构（海牙法院）以制定和维持其裁决（尽管还处于初级阶段）。地方和全球之间的这种相互作用——尽管其逻辑并不总是明确的——意味着我们正面临着前所未有的局面。同一性不是静态的或仅仅是可变的，它们彼此交织，以一种混乱的动力相互威胁，相互加强，这种动力类似于盲目的黑格尔辩证法，被剥夺了一切目的。然而，如果认为该法律存在合法性缺陷，那又太草率了。

这就引出了第四点：这种合法性也许从来没有如此严格地被设想过，因为它清楚地意识到了实际的正义问题。从我们感兴趣的观点来看，它不再被视为要依赖于某一个基础。相反，它是沿着两条推理线路发展而来的。法律首先是合法的，因为它是深思熟虑的结果，也因为那些受规则影响的人参与了它的设计。例如，可以通过各种利益的代言人的发言来完成。从本质上讲，这

[①] 关于这个问题的全面和非常明确的方法，请参阅 [TER 07, pp. 5—83]。我们将试图揭示这一变化背后的一般逻辑。

涉及程序原则得到了尊重，从而使人们能够自由表达意见和识别每个个体的利益诉求。这一程序保证了它所建立的规则的效果。同时，它们的效果往往和它们对经济社会能够产生的影响和客观后果的能力有关。因此，法治更像是一种管理技术，常常要视情况而变化，并需要在相对较短的时间内加以调整。这表明法治发生了质的变化。

第五点涉及在复杂性和灵活性方面的一些变化的属性。在法律层面和权力多元化的同时，需要立法的对象也在大量扩张。复杂的关系和至少部分地提升法律上的标准化的必要，比如欧洲各国在共同体层次的法律标准化，加强了这一扩张。规则体系似乎已经从一个严格的等级模式转变为一种块状结构模式（the structure of a rhizome）［DEL 80］。事实上，这种变化是由规则的自我衍生带来的。它们不再是简单的限制或指令，而是变得更加灵活了。根据米里尔·德尔马斯－马蒂（Mireille Delmas-Marty）的分析，它们结合了软效率、温和的合法性和模糊的可预见性［DEL 04］。一项"软"的且更灵活的法律可能自相矛盾地导致法律框架扩大到此前没有涉及的区域，从而提高效率。它再与围绕着价值效果所达成的共识所提供的合法性相结合。这些法律变化所带来的不确定性和无政府状态的风险突出了"软性"的必要性：根据法律标准的可预测性评估新的监管形式。

2.2 ｜ 其显示范围

不论对此有何反应，上述五点结合在一起，界定了正义问题特殊的内在一致性。确定规则允许范围内的行动要素，然后确定二者（行动和规则）的目的、所属层次、合法性以及性质，同时还要考虑到同一性表达的自由，所有这些都引出了一个经典问题，即法治地位与其所保障的自由的共存问题［KAN 71］。这是一种边界，既能区分各种自由，同时又能将它们联系起来，因为在其内部，同一性可以相互界定。因而，这个问题必须与这个边界有明晰的关系。

问题可以表述为：边界如何能够设置一个不使双方分离的边界线？它需要辖制（channeling）或控制（steering）偶然性（作为行动的要素），并且通过内置一个参照点，从而使这一过程在发展过程中能够自发地保持双方各自的同一性（identities）。这个参照点不是外部强加的，因为它只能通过它允许的多重过程才能存在。它不符合基于这一过程之外的标准（平等的预设定义）。它允许所谓的有效共存，即每一种同一性都在另一种同一性上获得对其努力的认可。

保持同一性的自由本质上是一种坚持下去的自由，尽管它始终受到其他同一性的危害，如果没有其他同一性，它就会消失。每条法律都规定了一种同一性（从反思的观点来看，这种同一性绝不是孤立的个体的同一性）。因此，这种保持（conservation）就是法律要做的事情，它在每一项变化中都必须考虑到它在以前的结构中所假定的一切，并对新危险作出反应。值得注意的是，目前金字塔范式与块茎结构共存［TER 07，p. 44］。这也许是黑格尔在这个贫乏的辩证法版本中保有的效果（effectiveness）：过去永远不会结束，但必须得到支持，并继续前进。因此，同一性从来都不是固定的。它们相依为命，混合在一起，既互相包含又相互排斥。这一理解是前面提到的全球本土化进程所必需的。

因此，法律这种范式的背后是同一性逻辑，是以寻求稳定性（stability）为特征的。结果就是，寻求稳定性的行为却助长了偶然性的发生（这一悖论将在稍后加以阐明）。一套标准体系需要辖制多种利益（关于收益或同一性）。这些利益只有通过接受某些限制才能共存（尊重彼此的自由），唯如此才能显示其力量。在这种限制下，它们找到了一种始终与其他力量相联系的连贯性。然而，由于这些限制必须考虑到效率逻辑的扩张，又导致了它们自身不断地重新定义。考虑到加速变化的现实背景，为了维护集体的稳定，这些标准本身必须定期修订。为了坚持下去，同一性必须重新定义自己。法律也（尤其在今天）管理着经济，因而也管理着效率逻辑，因为它们从内部塑造同一性，并通过扩张威胁它们。同一性从这一点打开，以调整和尝试建立一个稳定的水平。

这种对永恒同一性的追求是通过标准和价值来实现的。直到最近，这两个概念都密切相关。因此，监管当局造成的不稳定和多元化，加上个体流动性增加，导致与这些标准有关的价值体系部分性地解体。这些价值构成了同一性的不同层面。尽管哈贝马斯的区别必须相对化，但早期关于标准层面上增加灵活性的观点可以通过对价值观更加顽固的肯定来平衡。我们知道，对于后者，标准必须形成一个体系，并努力实现二元效果（是／否），强加无条件的和普世的义务，但同时要做价值优先的考量，允许带有文化偏好的善（可以或多或少地坚持）[HAB 97]。但是，价值观念的更新可能会使个体觉得对比于法律他们有着更多义务，而法律的变化要求法律框架的显现，特别是对欧洲来说，则要受到国家的解释范围的制约 [①]。这不仅仅是（以二元方式）尊重或不尊重的相容性问题，也是个别国家的法律与共同体法律之间"相容"的问题。

有一些价值体系，相对于不同的法律领域，部分地瓦解了，在某些地方，它们是完全对立的。与稳定逻辑相关的正义问题可以在这一层面上找到，但另一方面：在明确分离的情况下，如何设置边界，使不同的价值体系相互关联？什么样的边界值可以是相切的？这个问题产生了"什么"和"怎样"的问题。就标准方面来看，这个"什么"（如"应该做什么"）是关于"限制它们"的，"如何"是"不分开它们"。在价值方面，"什么"是关于"克服同一性的分离"，"如何"是"通过有一个限制来决定它们之间的切线"。在这两种情况下，作为同一性自由的内在表达，相同的连贯性就出现了。

2.3 ｜ 进一步澄清

2.3.1　隐含的要素

同样，在这一进路中也存在隐性要素。为确保同一性共存而设置边界不应被视为一种虚幻的活动，而是在一种公平程序的无形层面上进行的。

这项活动是在与权力有关的限制下进行的。经济和军事甚至是文化上的统治，都会影响执政党对法律的采纳。确实存在"争取主导法律市场的竞争"［DEL 06］。这完全可以被理解为将现成

---

① 这一点将在下文阐述。

的法律移植^①到一个不太强大的国家的立法中。除了殖民主义将西方法律体系进行了扩张之外，即使在今天，世界银行在2004年至2005年的一份名为"商业环境（Doing Business）"的报告中也鼓吹将习惯法（common law）的原则进行移植。他们优先支持采用可量化标准［DEL 06，pp. 105—106］，而没有考虑到社会接受能力以及可能的相互关系。

除了权力关系之外，还有偏见。仅仅美国法律的威望，无论施加的压力如何，或除了施加的压力之外，都会影响到在另一个国家法律的不成熟或有争议的采用。尽管盎格鲁－撒克逊的法律体系由于其不断发展的灵活性而有可能更加适应新问题的出现，但这不应导致忽视该过程的多元主义和多边性质，即在通过一项法律时必须通过审议，即立法者必须以冷静、知情和独立的方式作出决定。

然后会出现多种施压团体，它们借由腐败的形式，同时回到与武力和奉承相伴随的状态。这些游说团体利用他们拥有的资源来影响一项有利于某些利益的决定，这是法律建立过程的事实（而不是理想）的一部分。因此，代表农业部门的利益集团会反对有利于保护环境的措施，这构成了协商的无可辩驳的一个维度。

最后，必须考虑到，这种协商通常采取一种讨价还价的形式，在仍然存在武力关系的情况下，要想实现那种基于自由辩论而发生的理想主义的客观的讨论还有很长的路要走。

允许同一性持续存在的这种限制在以权力、偏见、奉承和讨

---

① ［DEL 06］将"移植"和"杂交"对立起来。

价还价关系为特征的活动所发生的隐含领域中变化着。与效率的还原主义相比，它更像一个**内在的试错过程**，一种不带有任何外在因素的探索。事实上，全球化本身没有留下什么。它不允许为了达到客观观点而采取某个外部参照点。它是强加了一种重组，一种不知疲倦的重组。通过这种重组的过程，同一性在相互关系的确立中，在给予彼此的承认中得以稳定下来。这是以一种偶然性的固有方式发生的。当效率处于偶然性之外并因此进行重构时，为了能够获得自由同一性，效果（effectiveness）就显现了。然而，它仍然没有意识到这一点，只找到了一个古板而平淡无奇的偶然性概念（根据试错法的四个特征），因而只能获得相对的、有限的自由。如果不能在与其他身份的关系中分出一块地方放置自由同一性，就不能获得这种偶然关系的真相。

2.3.2 琐碎与根除：关于正义的第二个问题

如 2.3.1 中所述，试错的四个特征确实显示出觉醒、世俗和琐碎。关于法律地位的真正审议只是模糊地类似于讨论的程序理论的理想水平及其监管假设。有一种权力关系或多或少是公开表达的，它引起人们对强权霸权的恐惧。利益相关者之间明显的不对称性意味着大国能够将预先确定的规则强加给发展中国家。这就像在商业层面行事却没有考虑任何互惠的可能。鉴于一些国家对人权的不断呼吁，利用其权力地位实施有利于自身的规则的国家就有可能成为霸权，这并不意味着根除（uprooting），而是琐碎（triviality），甚至是玩世不恭。在每一种同一性被所有其他人所肯定的限度内，在承认它的方面和寻求利用它的行动之间存在着一种实施上的矛盾。不可否认，强国是承认其他国家的，但它们也往往会规定承认的法律形式。因此，霸权的风险一触即发。

然而，这种权力关系的琐碎性由于偏见和奉承而得到加强，从而对同一性设置了限制，琐碎就会在反对根除由向内的意识形态所支持的分离的基础上发展起来。向意识形态核心退却，会使人想起对其自身及其法律都充满信心的同一性的纯洁性，从而有可能导致世界的支离破碎，在这样的世界里，敌对情绪将愈演愈烈。我们可以考虑法律的思乡症（nostalgia），它是同一套价值观体系的严格外展，是一种等级化的、属地化的以及同步化的法律。保守派法律的目标是确保现代性所框定的那种国家主权的完整。他们寻求一个据称是光荣的过去作为避难所，在那里，他们只与传统的符号打交道。正是在反对这种根除的行动中，合法性才得以形成，以便耐心地构建未来世界，谋求妥协和讨论，即使这种妥协是以一种微不足道的方式获得的，这种讨论是多么不平等。法律建构中的霸权，是在向过去以及一种神话般的同一性方向回退时发生的一种对称性的偏离。

2.4 ｜ 典型内容①

为了举例说明这一关于稳定逻辑的正义问题，我们可以考虑一个人，在她的一般法律构架中，她努力同时避免完全霸权式的融合而又不作彻底分离以避免因而导致的相对主义，或从一个非常重要的位置、一个支离破碎的世界的混乱中强加一种秩序

---

① 见第 29 页第 1 章脚注①。

［DEL 04b］^①。

米里尔·德尔马斯 – 马蒂（Mireille Delmas-Marty）试图用她的"秩序多元化"（ordering pluralism）的概念来解决这个问题［DEL 06］。我们不想详尽地描述她的推理，我们将把注意力集中在与当下相关的反思上。我们已经论及了一些法律中含糊不清的概念：一种更灵活的法律观念，它不再依赖二元结构（适用/不适用），而是给不同的利益留出解释边际。我们将集中讨论这一论点的关键："可变范围的边际"，因为根据德尔马斯 – 马蒂（Delmas-Marty）的说法，这也是"秩序多元化的核心原则"［DEL 06，p. 78］。

在法律国际化和将国家融入区域性或全球性的背景下，国家范畴已经显现出了明显的解释余地。一个显著的例子发生在欧洲，一项在社区一级制定的规则也会给采用它的国家留下解释余地。这不是一种简单的统一，它是从高处强加的，但并不是一个完美的整合。在没有国家封锁或僵化的法典化发生的情况下，边际能够在法律层面上逐步做到协调，通过不断的修改和调整取得进展。这一进程不是仅仅发生在国与国之间的合作上。事实上，这是一种超国家（supra-State）的协调，因此是一种纵向关系。它所需要的动力同时包含离心力（表达国家对一体化的抵抗）和向心力（对这一抵抗做出限制）。它既在上升（从国家朝向到社区）又在下降。在遵照义务和至高无上的国家判断之间，体现出一种"轻"的兼容性义务。这种纵向互动，加上横向的相互关联，要求允许一种灵活的整合，以保证各方之间的互惠。这样

---

① 米里尔·德尔马斯 – 马蒂将分离定义为与这里所描述的是不同的东西：与超自由主义观点下的能够自我调节的自治系统相并置。

它才能促成真正的多元主义（pluralism）（一种共同的超国家秩序），而不是简单的多元化（plurality）（国际上的并置）。

有序多元主义致力于达到稳定［DEL 06，p. 186］。从纵向上讲，这可能是因为认识到，推动法律更新的动力可能来自国家或区域集合，而并非总是来自全球那样一种高层。例如，欧洲联盟在许多方面都是一个颇具影响力的实验室。仅举一个例子，它对《京都议定书》的认可就曾是一个可能重新设定它的机会，尽管它在全球层次上遭到了拒绝。从横向上看，德尔马斯－马蒂（Delmas-Marty）主张重申人权的不可分割性，反对在 1966 年两项联合国决议中对人权的分割：将公民的政治权利与其经济、社会和文化权利进行分割。她认为，二者的统一应伴随着申诉机制的正义化，特别是在"人权理事会"的层次上（在发布多元化秩序之后于 2006 年成立）。

因此，稳定是通过多元主义、互惠、维护垂直性和确认利益方能够达成一致的价值观来实现的。因此，这是一个确保每种同一性都能得到承认，每种声音在国家间的协奏中都能被听到。以一个乐团为映像，它似乎清楚地代表了一种秩序多元化的样子，每一种乐器都有自己的位置并发挥其特定的作用，但其中也存在一种层级制：比如指挥，主小提琴，等等。还需要有一个总谱，围绕着一种价值或一个价值体系，大家遭遇了，并体现了参与者的相互认可。每一种同一性都寻求在与它所限制的其他同一性之间的关系中重新定义自己，而不是从根本上脱离它们。

然而，重要的是我们别忘了立法会议与音乐厅是非常不同的。德尔马斯－马蒂（Delmas-Marty）的和谐环境清楚地表达了与稳定逻辑有关的正义问题：在定义它们的同一性之间划定边界，而不将它们彼此分离，即一种边界，它既不吞并另一方（霸权），也不分割它们（分离）；一种边界，使它们的关系得以稳定地永久化。这一问题得到了明确的阐述和处理，其重点是找到切实的解决办法。

然而，整个讨论的背景是一个被忽视的方面，即权力、偏见、奉承和讨价还价的关系，这是任何"太人性化"讨论涉及与同一性有关的利益的问题所固有的，但也不应忘记获取利益。对正义的任何反思都不能忽视这些因素，这些因素并不是在问题之外，而是在其基础上（因为没有这一层面，每个个体都会表现出宽容、温和慷慨的态度，与他人自发地改变立场，这将是纯粹和简单的问题，而不是正义问题，而是缺乏不公正的问题）。这一客观信息不能简单地通过公正理论来实现，而正义理论必须从一种使每个个体都能公正的能力假设开始。这一点在罗尔斯的论点①中很清楚，他认为每个个体内心都有关于什么是好的、什么是正义的 ［RAW 95］②定义，因此他们是具备尊重合同条款的能力的。这将是无可辩驳的，如果没有假设，个体希望，至少在大多数时间或关键时刻，利用这一能力。因此，这是非常不确定的。然而，如果没有这一假设，一个正义理论就缺乏它所需要的真正的最低限度的基础，以确保它打算提出的原则的效果。

罗尔斯使这一假设可信的解决办法是，在更广泛的合作框架内，在无知面纱的限制性条件下，把每个个体对自己利益的追求

---

① 应当指出的是，是谁制定了（努力确保一个社会一代一代地和平共处下去的）稳定的逻辑。

② 哈贝马斯根据他的观点认为，公民利用他们"在众人中"的权利旨在实现社会利益，这不仅是为了他们自己的利益，也是为了"理性之公共运用"［HAB 97b］。

视为正义感。然而，不能肯定其中所载的自由——在严格的审议程序框架内追求自己的利益——是否足以确保每个个体的行动，至少在大多数情况下，都符合他们对正义的理解。这些利益指的是一种无序的偶然情况，而这在实践中并没有得到反映。因此，只有对实现偶然性自由的这种反思，才能使罗尔斯想象的自由合法化，并确保每个个体的行动与他们内心的正义感有效一致。

对于一个正义的理论来说，这种正义感仍然是一个必要的假设。如果没有得到证实的尊重规则的倾向，为什么要努力确定这些规则，使其可信并为其辩护呢？如果仅靠约束来确保它们得到尊重，就不需要有公正的理论。因此，两者都是必要的：一种是正义理论，另一种是法律约束。这一理论必须有一个假设，并否认人类行动的不同偶然性。

然而，道德可以为这一偶然性设计一种重新工作的内在机制。这无疑是两者最大的区别。对正义的反思只能把偶然性看作是控制（重塑）或调节（划定）的东西，它通过延长扩张逻辑或稳定逻辑来纠正（通过延长）逻辑。伦理能够欢迎人类生活中的偶然事件，并试图将其转化为解放或成就的要素。这样，它就假定了一种正义理论的效果，并处理了它的可能性条件，如果没有这种可能性，它将仍然是一种纯粹的抽象概念。

在第 3 章考察伦理层面之前，有必要对前两部分作一些阐述，以澄清它们之间的关系。

2.5 | 前两个步骤的总体概要

必须着重强调的是，扩张逻辑与稳定逻辑之间的关系并不能连接明确定义的对象。它们只是一些可资参考的传统惯例。确切地说，前者更容易提及资本积累过程，而后者则致力于在利益相关者中间寻求一种法律和制度上的可持续的**妥协**（modus vivendi）。

　　除了如何确定意义这个问题之外，还应当注意到，存在一种结构上相互依赖（codependence）的状态。扩张逻辑中的正义推理所带来的一致性转向了寻求静止的、固定的、平衡的形象，这是形式主义努力提供的。另一方面，对旨在稳定的正义的反思审视了全球化世界不可避免的演变过程。在这两个方面，反思正义意味着为彼此让路，从而补偿彼此，使之得以保持。稳定一旦变得公正，它就处于扩张的核心，反之亦然。正义理论在扩张的情况下注定是还原论，在稳定性的情况下是有限的。一方面，它只能看到客观的外在，另一方面，只能看到全球化的内在。只有在伦理层面上，这种二元性才可能被超越。然而，按照迄今所阐述的方式，它必然将一种逻辑与另一种逻辑相矛盾。与其说它们"必须"团结在一起，不如说它们作为对手"已经"相互关联，因此它们不断发展，彼此对立，同时又互为结果。重要的是要记住，稳定逻辑也在（自相矛盾地）发展，并要确保自己不弱于扩张逻辑。

　　这种发展的方式是由琐碎和根除提供的。因此，这些品质并不是依附于其中一种或另一种的品质。正如前面所强调的，它们作为一种存在主义的态度，可以有多种表达方式，会涉及具体情况下的各种目标。回顾历史，我们可以看到这种不稳定性和可变性。在法国大革命期间，逃亡是站在宪法普遍宣布的人权一边的。这些人专注于每个个体的人性，扰乱了构成古代社会的所有等级结构。正如伯克所言，在这样做的过程中，他们也消除了一种费力构建的复杂性，耐心地证明了这一点，即社会对自身的理解，正如道德、传统和习俗在实践中所表明的那样。面对这种根除的局面，琐碎已经以一种资本主义萌芽的方式表现为一种人与人之间犬儒式的剥削，尽管持有市场观念的先驱们认为它是一种可以绕过权力等级人物的政治选择［ROS 89］。

尽管如此，在 21 世纪初，利润逻辑代表着一种根除：基于抽象经济模型的复杂性，它们正在重塑社会、环境和心态。对精密计算工具的错误信任，在很大程度上促成了 2007 年 7 月的次贷危机，随后又引发了 2008 年秋季的银行业和金融危机。因此，国家现在被简单地看作是社会需求的管理者，琐碎地致力于交给它的不讨好的任务，屈从于经济，而经济的肆无忌惮的活动是由它负责的。

以这种方式实施的新自由主义心态吸引了我们对其意义和效率的历时性关注。在全球范围内发生的客观变化的背景下，琐碎的行动（完全是为了创造一种"高度发达的商业精神"［HAY 07］）导致了一种前所未有的根除。

琐碎和根除，有时有利于扩张逻辑，而另一些则支持稳定逻辑，它们与一种环境相互作用，在这种背景下，所做的事情不能丢失，但重新配置不断地发生。在这种创造性的和破坏性的变化中，"逻辑之间"的"偶然性"必须被考虑和思考，独立于正义问题。这一双重问题是将道德和效率联系起来的一个初步特征。它有助于突出逻辑的整体一致性，无论逻辑是广泛的还是稳定的。然而，它只是以一种假设的方式对稳定逻辑执行这项任务，而不依赖于它们在意外事件中的基础，而这一点被忽视了（它不得不通过解释每个个体定期执行一种正义感的必要性来承认这一点）。但是，可以看出，稳定逻辑的这一特定要素保留了黑格尔所谓的**现实**（Wirklichkeit）的一部分，而扩张逻辑则不是。虽然扩张逻辑与偶然性的关系是明确的（一种控制关系），但稳定逻辑与偶然性的关系中则必须包括黑格尔直觉当中所隐含的一种额外的方面，通过它，自由的实现才是可能的。从这一方面可以看到效率逻辑的一致性，这里效率逻辑是稳定有效逻辑的核心（因为从某种意义上说，它们都是同质的，因为任何逻辑现在都是效率逻辑），进而伦理的影响方式也得以显现。论证扩张逻辑与偶然性的隐含关系与论证稳定逻辑和偶然性的关系是不一样的，稳定逻辑应该通过对偶然性的反思，导致这两种相互关系达到同步，从而在这一反思的范围内并凭借这种反思来实现自由。

第3章 修正效果概念

第1章和第2章中关于正义的讨论非但没有使我们远离主题，反而直接把我们引向了问题的核心。事实上，它给出了责任的底线，例如，责任是对在处理这两个问题时遇到的不公正现象的积极纠正，而不是令我们去教条地定义责任。此外，它采取了比以往研究和创新活动的经验定义更一般的方式，对必须履行的责任的理性类型做了具体的论述。

在厘清了扩张逻辑和稳定逻辑关于正义问题的一致性后，我们还要在这些一致性中间找到兼容之处，因为我们需要解释效率逻辑下的伦理是如何产生有效影响的。

在这一阶段双方关于正义的问题上，扩张逻辑的一致性表明了与相关事实数据有关的形式推理的外在性。第二种（稳定逻辑）一致性则标志着被引导的流程的程序内在性。弄清楚外在和内在之间的兼容性并不意味着要把它们重新组合在一起，而是为了具体说明第二种对第一种产生有效影响的条件，更确切地说，在伦理维度上对二者产生影响的条件。在这种情况下，完成这项工作对两种效率逻辑都要有所涉及。即使稳定逻辑只是作为历史的遗存，但是相比于扩张逻辑，它与效果间的联系更加紧密。

作为黑格尔主义的重要部分，黑格尔意义上的效果也希望同一性在实现自身（在其对立面中）过程中超越这种内在 / 外在的二元性，并通过忍受这种异化来获得自由，然后再回到自我。但今天的效果已经不堪其用。它不再是能够通过操纵辩证机器来实现自身的那股巨大力量了。它不再是全能理性的结果，而是稳定逻辑的结果，因而稳定逻辑与扩张逻辑在性质上已并无区别。因此，从内在的角度来看，这是片面的，将有效逻辑整合到伦理生活中是不恰当的。这种情况发生的过程必须加以深入研究。

3.1 | 重构的必要性

在一个全新的背景下，把效果看作黑格尔哲学的余数（remainder）部分，这似乎令人惊讶，因为黑格尔哲学通常被认为是一个封闭的理性系统，在其外应该什么也没有，因此当然不允许有任何余数存在。面对这样的质疑，我们所能做的最好的事情，就是以黑格尔本人的方式作出反应［HEG 82, pp. 55—56］[1]。对他来说，哲学的目标是：什么是有效的（wirklich），而存在（existence）的许多方面并没有体现在他的作品中。但是，另一方面，似乎效果本身在今天已很难能在哲学演讲中找到一席之地，除非有人有耐心重新表述它。

要更好地理解黑格尔的术语"**现实（wirklich）**"，可以通过把它写成一个短语：主体之所以能够**有效（effective）**，是因为

---

① 他解释了一个通常不被理解的公式，根据这个公式，所有的理性都是真实的和相互的，他明确指出哲学（理性）的目的是思想，而不是"因其本质的出现而产生于外在的情况"。

它经历了一个逐渐觉醒的过程，通过这个过程，存在于自身的东西也成了为自己服务的东西。在其自我意识发展的每个阶段，主体都通过支持偶然性测试而获得效果（亦即自由）①。根据伯纳德·马比勒（Bernard Mabille）的阅读，他很幸运地将自己与主流的解释倾向区分开来了，他认为，效果不仅没有抑制偶然性，而且在过程的每个阶段都依赖偶然性。他既没有为了"行列式"②式的逻辑顺序而否认偶然性，也没有简单地宣称偶然性是"非理性的"。偶然性的本质意义是整个辩证法过程所朝向的"自由"（正因为这样，逻辑，对黑格尔来说，才是必要的）。

然而，我们同意，今天这种效果（effectiveness）已经下降到目前的水平，不能进行效率（efficiency）的伦理整合。以下分两点来说明这种效果（effect）。一方面，正如我们以前强调的那样，效率逻辑今天已经成为自主的、多元的、分散的，总是逻辑地推进（但是作为即将出现的逻辑学的一部分，只是为了简化、理解，而不是出于实质的原因）。另一方面，国家现在也以和公司、非政府组织、部落、地区等一样采用效率逻辑。扩张逻辑和稳定逻辑仍在推进，有的朝向外在性，有的朝向内在性，但没有实现一方向另一方的回归。双方都有严重的漏洞。那么，在黑格尔体系中，什么东西停止起作用了呢（如果它还在有效地发挥作用，我们就不会提出这个问题）？

也许找到一个贯穿整个过程的主体已经变得不可能了，因此，即使可能进行的整合也不再是合乎逻辑的了。这种不可能，不是因为它的矛盾性，因为矛盾本来是辩证法的核心概念，而只

---

① 我们回到［MAB 13］，特别是第六和第七部分。
② 如吕克·费里（Luc Ferry）等人所认为的［FER 07b］。

是关于逻辑间的纯粹而简单的异质性。如果不再有整体性的主体，也就没有在绝对真理中获得自由的整体意志。存在的是分散、支离破碎的（团体、组织、公司等）意志，每种意志都坚持自己的方向，在不同层次上运作，不会产生有效的整合。

在这种情况下，作为一种伦理成就的自由的效果还剩下什么？这个剩下的部分，我们将在下面阐述。我们正在研究的这个问题将作为阐释的导引。我们对黑格尔的偶然性概念进行了更准确的思考，"这种可能性（possibility）和效果（effectiveness）的统一就是偶然性。偶然性是有效的（Das Zufällige ist ein Wirkliches），同时它只能被尽可能地确定（das zugleich nur als möglich bestimmt），其另一面或相反的情况也是如此"［HEG 14，p. 252］。我们在这里发现了偶然性的经典特征：可能是，也可能不是。在这种可能性中，存在一定程度的效果。可能性并不在效果之外。它们中间存在统一。这种可能性已经是有效的，即使它的效果层度可能相当低。在可能的基础上，有一种优先的、卓越的、真实的、必要的、可能的东西，而后者只是主体走向充分的自我意识、走向实现的效果过程的第一步。

然而，如果历史进程不再表现出对一个在其全面、综合方面已不可能实现的主体的意识，那么这一突出地位也许可以受到质疑。而可能性，当然不是一种先兆，是否在效果中具有特权呢？如果这一过程不是依着理性逻辑而发生，而只是沿着对异质的、多元的逻辑的理解而发生，那么，就可以说可能性是处于上方的。如何理解这个避开的过程呢，要等到可能性发生时，它开始描述自身的时候，或者努力找出它的效果？这一步假定的优先次序的倒置使得当前的工作如掷骰子一般，是在一个不存在的历史时刻找到一种效果感，这种缺席不是由于意外，而是根据这一要素所处的进程特征。

3.2 │ 建立重修原则

根据对这些范畴的纯逻辑的考虑（这一次我们是在"形式逻辑"的方向上），我们可以说，在现实中有比可能中更多的东西，在必要中有比现实中更多的东西。要成为现实，它应该是必要的，但是这还不够，它还应该是可能的，等等。现实带来的是比可能更坚定的决定。从这个意义上说，它包含的不仅仅是可能。必要性是真实性再加上一些东西；真实性是可能的，它带来更多的东西。

如果我们考虑的是真正的可能性，而不仅是逻辑上的可能性（形式上的），我们必须承认它们之间并不重叠。在这方面，康德的经验非常重要①。一个对象在逻辑上不矛盾并不足以使其真的成为可能，它必须符合我们一般经验上的可能性的条件。可能性、现实性、必要性从来不是来自其内在概念，而是来自被视为我们经验的客观条件的那些范畴，即我们进入世界的有限性所强加的条件。这种进入依然存在于事物之外，并且正在物化当中。

但是，说到真正的可能性，并认识到它与简单逻辑之间可能存在的区别，是在同一个框架中指向对象所在的元素。如果我们能够设法确定它们相遇的必要条件，那么，无论这些条件是什么，后者在这个要素中只具有逻辑知识无法获得的意义，但如果

---

① [KAN 07]："一般经验思维的前提"，A 218ff.。/B 265ff.。

没有这些条件，就没有任何知识。然而，如果这个元素是流动的，并在复杂的过程中发展，它必须考虑向上和向下两个方向。我们认为，当向上时，是通向可能性，向下时，则是通向真实性，继续向下的话，则是必要性。①

黑格尔命名了这个元素②，他继续思考从可能性到真实性，然后到必要性的过程，每一个步骤都标志着本体论的丰富。但是，我们可以证明，承认这样一个要素反而使一种可能性的概念合法化了，它比必要性的概念更突出，根据这一概念，可能的东西比必要的东西更多。

根据这一观点，我们所处的社会经济条件、心理状况等不同，决定了我们每时每刻都是必要的。但是，这些对可能性产生影响并使其减少的条件也有其可能性。如果我们遵从这一点，通过厘清这里的可能性，我们将能够与不同的语境保持距离（而不是否认或压制它们）。我们将通过把自己与他们联系起来做到这一点。在这个过程中，可能性是向上的，真实性，向下，必要性，再向下。从这个特定的意义上说，可能性比必要性更多：可能性的创造、构思或启动，都与必要性视角密切相关。

重新制定效果概念的原则将是这种向上的可能性的首要原则。

---

① 根据这些术语的逻辑特征，必要的比可能的要多。如果相反地，他或她认为它们对于有效性的重要性，那么必要性就变成一种纯粹的工具性条件博弈，在发生这种情况的环境中是盲目的，因此在某种情况下，作为一种约束，行为体经历了一种限制，就像减少了呈现给他们自己的具体可能性。另一方面，可能性被认为是这一要素，其真正的、当时必要的时刻是连续的贫困。
② 关于黑格尔提到的"元素（element）"一词的特征，参见［HEG 91, p. xxix］。

3.2.1　关于可能性（潜在性）的首次阐释

我们首先从可能性中将非流变的概念分离出来。根据这一点，任何不矛盾的事情都是可能的。在有神论的理解中，存在预先确定的本质是可能的，根据理性原则和最好原则，它们可能会根据造物主的设计［LEI 69］而存在。从逻辑上讲，这些本质仍将被确定为神圣智慧的内容。因此，这是一种预先制定的方法，它将遵循它们连续存在的地点，不是上帝有义务遵循它，而是它将是唯一值得它遵循的，唯一一个完全符合理性和最佳原则的方式。正是这种充分的预先决定和对逻辑中可能事物的吸收，拒绝了一个元素的高级概念，在这个元素中我们总是被淹没。因为我们在那里并不是封闭和有保证的单位本身，而是作为一项发明，不断地重新创造未来可能的事物，通过给予我们与它们之间的距离，使我们从普通的决定中解脱出来。事实上，确定性不再是逻辑的、神圣的理解，而是社会的、经济的、心理的、事实的、逻辑的、积极的知识和行动的理解。具体地说，可能的是，从这些决定向上 [①]，向使它们成为必要的、向其可能性的方向返回。因此，它们被保持在一定的距离，这有助于对可能的事物进行再创造，而我们必须继续生活下去。

不可还原为非矛盾，也不可能给它留出还原为辩证矛盾的空间。它不会触发基于明确否定的辩证法，在这种否定中每一要素都会被陈述，并在连续之中被保存。因为在那里，它的真理再次合乎了逻辑。可能性，作为一个元素，是一种创造、发明以及发

[①] 向上的斜坡不是一个背景世界（在尼采哲学的意义上）。它涉及一个维度，在这个维度中，不停地勾画出将要发生的事情的可能性。它是我们的世界，因为它与自身不一致，因为它比自身更富有，使自己不朽，正如它不停地勾画它的不朽一样。

明自身。它创造了它永久存在的条件，那些与我们日常生活的确定性条件产生并保持距离的条件，这些条件使得自由得以可能。

这种与确定性的距离首先是通过与另一种确定性之间的积极关系而获得的，我们称之为承认，即使这种关系与意志的斗争密切相关［HON 96］①。它是在不知不觉中，受到奖励的情况下做出的。具体来说，由于我们没有做任何值得给予我们优先考虑的事，因此它允许我们介入这一距离之中。为了恢复这一点，一旦结束，就必须考虑其他因素，直到我们设法进入可能的范围，不再受确定性的约束，并且我们要在自己身上建立一个永久的，具有可能性的可行性。因此，这是在与他人的关系中诞生的，并通过这种关系而得以延续。

但我们如何理解它是创造性的呢？让我们从柏格森的分析开始［BER 11，pp. 11—18］，逆向复原它们。对他来说，可能性处于现实性的背后，是创造力的一种效果，而创造力在任何时候都是建立在可能性基础之上的。对于我们只能在预先决定这种理解模型下进行选择，他提出了批评。为此，他背离了自己的经验。他设想他被邀请参加的会议的地点和样貌，并借由它了解了所有可预见的细节，然而，尽管其中包含了所有细节，但处理这些细节时依然会增加"可能改变一切的不可预见性"［BER 11，p. 1］的可能。他说，这样一来，行为就是把预期的想象当作一幅画来勾勒。

他的话必须被采信。我们这个时代已经很清楚地认识到，创造是基于草图的，是自由的，它不是一种期待，一种预先（预先

---

① 如果必须承认斗争意志的必要性，我们还必须对他的应有的地位无偿地进行考虑。

确定）的应该，而是一种持续前进的发明，鲜活的，向上进发，最后落在完成工作的必要性上。草图保存了可能性以及我们与一般的确定性之间的距离。黑格尔，也是在其完成作品的时期，"停止"润色加工之后，勾勒便悄然出现（尽管没有计算，但仍有所准备），如此，完美会损害可能性这一财富。同样，我们也可以从我们自己的行为中向上进发，在事实上的意义层面上进行。柏格森在勾勒中看到了一种行为，这种行为可以预见另一种行为，用这种方式来计算，可以得出一个与真实行为相关的框架。但一种行为的意义并不在另一种行为中。在绘画时，着色不是涂满开始，而是从潜在的基底开始，一层一层向上进行具体化。

因此，可能性不是对现实性的预先决定。它本身并不是一种确定的可能性，它会先于一个确定的存在。根据这个观点，谈论多个可能的世界是有欺骗性的。这是因为，只有在我们周围的世界中，从中产生的确定性才能决定可能性。可能性出现在向上的条件中。在可能性中它可能反作用于条件。但它本身并不是一个条件。它是纯粹的创造力，而不是另一个世界的逻辑结构，它只是虚拟的。

通过这种方式，可能性也不是辩证序列的逻辑起点，而是创造本身所基于的一种主观环境，允许与逻辑决定保持距离。

观察 3.1–

在这里，我们需要解释"反身性"的含义。研究者或思想家们详细阐述情境（事实、概念、规则）的构建，但这些不是来自于感受，而是从研究的上下文中推演而来的。然而，这些条件对行动者（例如，不仅包括受到经济学、社会学或心理学影响的行动者，还包括那些深度裹挟进技术系统或者只是使用技术系统的行动者）起到了客观的约束作用。研究者是在语境中定义这种约束，所以行动者受到的约束不是真实情境中的，而是通过理论推进产生的情境之下的约束。因此，在感觉到的事实的约束（可以衡量自由度）和理论制定出来的情境（因此是形式约束）之间存在一种"映像"。主题化了的情境的复杂性客观上制约着行动者在语境中的地位。但是这并不是说情境已经存在，需要提出一些理论术语与之相匹配。同样，经验的先验结构这一昂贵的假设也没有得到执行。没有什么能让我们假设，例如数学，就能给出真正的结构。语境给玩家提供约束条件，他们试图通过一种意志和智慧的行为来提高或利用它为他们自身获益。在我们这里所指的意义上，这个主体本质上是具逻辑性的（意志和理性）①。它力求消除妨碍达成眼前目标的障碍。它或多或少会涉及被这些强调的约束，面对这些约束的过程中，它会产生形式约束。但最令人感兴趣的是，不受任何"主观"把握的影响，在伦理加工过程中，情境中的具体可能性在反作用于理论之前就转变为理论所阐述的那种可能性了，就如同莫比乌斯环一样。可能性在事实约束和形式约束之间被分裂了，其间介入的是对事实可能性进行一种约束性的构建，从而消除了障碍，开启了发展的可能。作为可能性所具有的不可随意中止的开放性，反身性被正确地理解为引入了一种独立于对逻辑连贯性的主观追求的伦理内容。自愿主体（无论是人、公司等）在约束的范围内思考，并将约束转化为优势。伦理的过程性是可能性和机会的创造。这两个计划，如果混淆的

---

① 事实上，"主体"有许多定义。除其他外，可参见［THO 15］中的讨论。

话，必须在这里加以仔细区分。反思在情境约束和理论约束之间的摇摆，最后却以同样的姿态开起了可能性，并通过对我们进入的方式进行返工来将此约束保持在一定距离内。在这种情况下重新设计我们的访问来保持这种约束的距离（这种约束已经以理论的形式存在，通过这种形式我们去理解情境）。

不断的再造进入方式无休止地开启着可能性，并因此撕裂了约束，但并没有取消它，反而说还要倚靠它。过程性标志着从一种可能性过渡到另一种可能性，从理论可能性过渡到具体可能性，但这并不意味着它们是彼此混淆的。这种反身性模式解释了为什么可能性可以在不同的逻辑展开中发生。但这还不够。严格地说，它与他人所能允许我的自由是分不开的。

观察 3.2-

以正方形这种形式为例，可以说明关于真实性的选择。①后者在其实现之前是可能的，并在这种可能性中被预见（这是莱布尼茨的立场）。②在它实现之前，它是不可能的，但是它发现它自己在这种不可能中被预知了（这是计算机会的背景，在这里机会标志着严格的等概率；这个等式表示，在这个计算中，可能性不是一个活跃的内容，而是一个简单的计数，以期望等价的虚拟性；真实性在事实上几乎是可能的，也就是说它同时也是不可能的；然而，它已经在这些虚拟性的详尽统计中凸显出来了）。③它在实现之前是不可能的，也没有在这种不可能中被预见（本文可以在诗歌写作中发展，试图更新"机会共振"[1]，即在那些有利于机会计算的结构配置"之间"产生共鸣，从而实现批量管理）。

---

[1] 此外，一本诗集的标题会受到编辑的制约。

④它在实现之前是可能的，但在这个可能性中没有被预先发现（这是这里要开发的选项）。

3.2.2　关于可能性的二次澄清：尚未定义的整体性（倾向）

距离使我们能够理解这些确定性（条件），而不是被动地应用它们。但是，更重要的是，从它们的共同元素中，它释放了它们内在的，并且是由它们带来的一种发育能力。这些条件不是简单地按顺序排列着，而是展开了新的可能性①。它们在关闭可能性的同时也开启了它。可能性在条件之间创造了一条通道，使它们以一种生动的流动性被接受，被展示、包裹，不断地重新定义它们之间的关系，在这些关系中不间断地重新定义它们自己。显然，这些条件不是现成的外部条件，也不是由研究人员命名的。它们在一个确定的上下文中，在人类需求、恐惧、要求、不可约数据以及潜在的配置（但没有预先确定）的交叉点上出现。

因此，后者并不意味着一个简单的逻辑运算符，但它涉及工作上的倾向性。一旦他们设计出整体性，就会涉及它。让我们试着纠正一些误解，这些误解必然会出现。在黑格尔的意义上，这不是一个完全确定的"整体（Whole）"。它既不涉及实体国家，也不涉及公司。因此，没有社会整体主义。这个整体不是"一"，因为它可能只是来自某个决定。我们必须把它看作是一些"纯粹的可能"的总和，也就是从可能的事物中延伸出来的一个"光谱"，它可以被认为是生命活动的媒介（元素）。

"整体性（totality）"也不是一个可以还原任何特殊性、一般性

---

① 在某种意义上，德勒兹（Deleuze）引用克尔凯郭尔（Kierkegaard）的话说："我需要可能，否则我会窒息。"（在他的表达中："电影：时代标志的分类"，1983年5月31日的会议，在［NAN 11］）。

的框架（相对于［GUR 63］）。这不是一种纯粹的理性一致性，它允许社会学家保有自由的价值判断。在目前的情况下，"整体性"只是一种倾向，它标志着前瞻考虑的可行性倾向。这并不意味着它在某些确定的价值中有特殊的资格，而是凸显了价值在其中的意义以及它们与有效逻辑间的关系。

因此，没有一种唯一的整体性，而是对于每一种情况，都有一种不是预先决定的多重性。这样一个整体，只要你在它里面活动，并在它内部采取行动，它就是有效的（不管你是否意识到它）。但它很少是完全不确定的。一般来说，它是由一个或几个没有问题的决定来表达的。从这些无可争议的观点出发，它设计了一个群岛，或一种分散的可能性，作为它的倾向。但是，我们坚持这一暗示不是预先决定的。这些可能性将在每次与过去决定的关系中被创造出来，而不是被投资，每一个新的公式都会影响工作中的倾向。这可以在一个褶皱的图形下表现出来。但是，我们坚持认为，这样的暗示并不是预先决定的。这些可能性每一次都是在与过去的确定的关系中被创造出来的，而不是被投资出来的，每一个新的构建都会影响实际的倾向性。这从一个悬垂的帷幕上就可以看出来。

3.2.3 可能性帷幕（再谈倾向性）

以一种可能的、持久的方式向上行动是一种罕见的实现方式。大量的理论进一步证明了这一点。发布一项新的决定，仅仅因为存在的危险，它就要对在某一特定时刻进行仔细分类并在分类的决定之间达成的所有公认的平衡提出质疑。特别是因为它涉及上游，这种倾向会让人对所有的舒适和日常生活产生疑问。但是，一旦确定了，这种决定将导致一系列下游的行动，这预示了会针对所有以前的理论成就发生重新整合。这种衍生从移动的新位置开始，显示了它对这关键时刻的影响。让我们再说一遍，这里没有"决定论"。但是，提出一个决定（或陈述一个情境，意思是相同的），便是在主动倾向形式下打开了一种可能性的全体。有些人对此的反应是向下发出其他的决定。他们将以一种创造性的方式释放自己，而不是成为任何"必要主义"的傀儡。

这可以理解为从"减法"范畴开始。在一个明确的理论语境中，出现了一种新的、强有力的决定。能够提出这个问题的是上游的，而不是那种询问某一具体领域的方式（一种关于实际的或必要的以及进一步向下的那种方式）。它被提升到一种不确定的程度，在这个研究领域的所有相关的决定都是相对的，它们的意义要被重新配置。但是，首先观察到这一新决定的，并对此具有针对性的人，会把自己定位于即将产生的变化中，并与之发生联系。为了更新其他方面，它将考虑因这一决定而产生未确定的整体的将要"减去"的部分。各个分散体将在所有可能的情况下自行设计，甚至可以通过级联现象，向下，每个分散体都将对其他决定作出反应，随着倾向性的耗尽和整体性的饱和，不确定的整体性逐渐从视野中消失。就此，未确定的整体性悬挂成了一个理论帷幕（每个褶皱自身都有对应于整体面料的位置，即相关决定的整体性及其涉及的可能的利益）。

现在你能给出这样一个帷幕的伦理范围吗？在这种可能的、向上的、已实现的自由中，它在多大程度上是一个问题？

3.2.4 （一种）伦理的（神经分布）

注入可能性之中，向上，实现它的可行性，如同发现了一条通往伦理之河的进路，这条河流曾经贯穿于我们体内，只是业已干涸。从伦理上讲，这条河只有起源于利他，才能在我们的良心与那些威胁到我们自由的、迫于事实条件（社会经济等）所做的决定之间拉开距离。

这可以从观察一片树叶的纹理去加以理解。这些纹理展现了滋养它的那些神经的分布样态。它的总体的纹路很简单，但随着向细部的深入，它就会变得越来越复杂和随机起来。同样地，在伦理之河中向上追溯，就可以在可能性中寻求伦理的滋养，由此真实性和必要性才能继续存在①。

可能性之神经分布把情境的复杂结构连接起来，因为它促进了我们与之相关的自由。

同时，这个想法也虑及了逻辑的多元化及其自主化特性。只有身处特定环境之中，我们才能获得伦理养分，并使神经分布拓展至周身。考虑到要承担的风险，伦理之河基本上是向上展开的，是确定性的。但可以在任何时间、任何地点找到进入的机会。为了使其中的想法能够被理解，树叶纹理是不能被遮蔽的。尽管伦理的神经分布（the ethical innervation）不可能从表面上看出来，但我们可以从自己身上发现并认识它们。

我们已经讨论了与整体性有关的效果（effectiveness）问题。那么，从何种意义上，它是关涉伦理的，并因此是关涉自由的实现的？产生整体性的行动倾向是双重的，一方显示着朝向相关情境的距离，另一方显示着朝向他人的距离。决定（determination）（行动—反应）即产生于此。正是这种距离使我们能够设身处地

---

① 用柏拉图式的话说，条件序列的盲目的必要性不会给我们留下相对于它们退缩的空间，即不同的心理和社会决定论，这与机会并存，使两者相互对立，最终因果关系，具有良好的视野（Timaeus, 46e）。

地在对方的现实生活中给出调整的、让步的反应，而不是只就简单事实或者只是依据我们周遭压力的大小做出应对。起作用的倾向，即整体性，会令所有相关数据集合起来支持这一行动，甚至不惜在此作出假设。这种始于可能性的假设，向上追溯，便是一种多重决定论（multiple determinisms）下的自由，而这正是我们的初衷。这一自由，这一距离的胜出，要感谢另外一种允许我事先考虑的自由，而我其实并没做什么值得夸奖的事。它是一种礼物，是一种真诚的推己及人，因此才产生了伦理学、产生了效果（effectiveness）。只有这份礼物才能保护我们不受条件的随意玩弄，才能给出一个有可能恢复和相对化（resume and relativize）这些条件的维度。

需要澄清一个误解，伦理影响并不是对促进确定价值的意志的掌握。伦理维度必须从我所说的"上游"来理解，在这里，道德决定（价值或规则）和效率逻辑在一种单一的语境中一个接一个地聚集和完成。这种神经分布允许一种向上的可行性。这种"上游"必须是道德价值①与效率完美结合的结果，因为它们在人类行动中是严格对立的：效率强令"追随"其发展趋势，以此满足代理人的意愿；伦理则要求"节制"，以免伤害他人。在第一种视域中，出现的是琐碎性（triviality）（只考虑有效行动的条件总是推动我们下行）；在第二种情况当中，如果过度，就会产生根除（uprooting）的结果（固守某种价值观念，而看不到它们并不是本身就具有价值的绝对的确定性，而只是某种语境下的一种关系），伦理只有在防止一种或另一种结构僵化时才有效。它

---

① 我们说的是"道德价值"，而不是"伦理学"或实现了的自由。

是在关系中生存的能力，也是一种神经分布，能够提供滋养的源泉。正是这种关系中的可行性和伦理支配赋予了实现这一关系的资源。通过在可能性的潜伏期里，成功地相互磨合，并真正是上行性的，就即刻成为伦理性的了。社会科学所特有的对价值判断的恐惧使他们只能看到过程的一面，这使得他们不去怀疑该过程的有效性，也不会怀疑它所设计的神经分布已经是伦理性的了，只要充分开阔视野。

从那里开始，人们就可以尝试确定逻辑关系来显现效果（或伦理实现）。

3.2.5　收缩环与扩张环（可能性的活力及其偏离）

关于可能性的逻辑致力于具体情况的可能，并试图将自己置于一个有效的整体中，以便能够展开。在逻辑上，它们之间所圈定的条件以一种越来越经济的方式建立起来，逐渐成了一种抽象的概念，并逐渐失去了与允许这种逻辑发展起来的那种可能性之间的联系。一个逻辑在意志的作用下只能进一步展开[①]，因此伦理枯竭的风险便是巨大的，而这与它失去与可能性的关联密切相关。

伦理的神经分布提供了一种生存方式，可以恒久地发明出它可能的可行性。一个逻辑总是通过被抛锚在一个可能性中开始的，越坚固，它就越有机会被一种整体倾向裹挟着走得更远，从而展示得更多。但是，由于它只能一直向前走，因此同时就增加了瓦解这种可能性的风险，逐渐偏离或脱离由伦理神经分布设计

[①] 逻辑继续进一步发展，但其目的是实现循环。实际上，它声称是永恒的。这就是为什么它试图控制偶然性。但这个控制不是完全的，无论如何，这个圆圈永远不会完美地关闭。有偏差，向外或向内。

出来的那种生存方式。

这种偏差可以加倍，通过根除（uprooting）或琐碎（triviality）模式就可以实现。就一种可以在不断的创造过程中得以延续的可能性而言，逻辑是可以改变，从出发时一种难以察觉的偏爱开始，就逐渐在伦理中失去了联系。看起来就好像缺乏了可行性。因此，逻辑引入了一种人为的连续性，这实际上在确定性之间产生了跳跃。对此它一一加以处理，从此时起，逻辑进程就改变了。一点一点地，只剩下一个形式序列（formal sequence），与可能的伦理之间的联系越来越脆弱。它试图提供其他的逻辑，并以此引领进程的方向。它可以在扩张闭环中发生偏离，在数据条件下进行的一种**根除（uprooting）**，远不是假设它们为真，而是隐藏起来对其予以否定。它也可以在收缩闭环中进行终结，在相同的条件下，以**琐碎（trivial）**方式作微小的沉降。在第一种情况下，正义诉求被转化为平等分配问题（不平等风险）；第二种情况下，正义诉求转化为不分离的限度（冲突风险）。

因此，这些偏离意味着与伦理效果有关的逻辑被移除了，伦理效果由此打了折扣。以下要讲的是，逻辑如何借由偏离从而在其系统性后果中造成了不公正。它只吸收了它唯一的形式维度，失去了与伦理神经分布的联系。这种结束和这些跳跃（被迫的连续性，抽象）在我们这个时代以不同类型的"危机"形式表现出来。最近的金融危机就可以作这样理解，即高度发展的形式工具与经济现实以及真正的生存可能性之间失去了联系。

系统的不公正作为一种逻辑效应，是在逻辑效率和可能的效果之间发生分离时出现的。后者是在给定逻辑所展开的一致性力量不断增强的情况下分裂的。从那时起，就开始出现一个逐步下行到现实的结果，然后到达必要性约束（necessary constraint）。同时上行的可能性则逐步地被忽视掉了。

因此，只要一个逻辑在伦理可能性中保持其完整性，它就可以被认为是合法的。但逻辑只是提供了一个明确的条件序列，如果它自身还需要依赖整体性的话，那就等于它什么也没说。作为一个逻辑，它执着地展开它的一致性，但同时，它也有脱离开那种赋予它合法性的整体效果的风险。一种整体性在其未考虑清楚的决定之下会提供多种斜坡。在其中一个斜坡上是合法的逻辑，如果它拥有很长的序列，那么它是可以向其他的斜坡摆动的。**一般来说，逻辑在合法的单一关系中是没有效率的。**个体智慧几乎不可能获知某一给定时刻一个逻辑的有效率的位置。只有时间的流逝和危机的发生才能将其显现出来，但为时已晚，现实的逻辑已经在发生作用。

因此，这种不公正现象与逻辑的发生有关，如果逻辑闭环扩大得太大，变成了单边的，就会发现自己已经逐渐脱离了可能性。通过这种方式，对确定的价值观和它们设计的逻辑的调用，尽管它们是慷慨的，也可以把我们从可能性中拉出来。这些价值只是向下的具体化，要保持活力，就必须在伦理神经分布中不断地回溯。同样，任何价值体系作为一种"意识形态"被对称地拒绝，都有可能使我们陷入纯粹权力关系的琐碎性之中。因此，人们必须每次都要看到在该种情况下，哪些关系才是利害攸关的以及哪种方式才能使这些考虑得以呈现。

3.3 | 证成

如何支持这种重构的效果？为此，我们可以联系每个人进行自我反思的经验。

我们全体都已经主动或被动地被纳入不同的效率逻辑中了，这些逻辑可能是在我们不知情的情况下通过我们行动的。这类假设是可能的，在某种意义上，一个条件只能在作为其他条件的"可能"的条件时才有效，并且它必须在一个被初步定义的情境中自己找出它的可能性。每一个条件所独有的关系特征都指向了作为它们相互作用的媒介（元素）的那种可能性，以及它们在其中通过彼此不断发生关系而重新定义自己的那个空间。

这一要素自身逐渐下降在情境中，成为真的，然后下行到必要性[1]。这是依靠倾向性来完成的，即在某种情况下，从一个尚未确定的整体性过渡到由相关条件逐步确定的整体性。这个整体性的扩张，从可能导致朝向琐碎或根除的对称性偏离这一下降倾向中，保存了向上的可能性。这种下坠不是致命的，但需要一种不可动摇的生存承诺来召唤它。此外，在下坠之后，依然会有人开启一条艰难的道路（或者某种人们通常会疏漏的东西）并找到可行的可能性。

---

[1] 当然，这不是说事实是理想化的问题，也不是思想创造具体存在的问题。恢复各种条件的随机发挥的可能性相对于客观条件而言是多余的。通过恢复这些条件的约束，这个道德维度能够在它们还没有被肯定的时候改变它们设计约束的方式。

3.4 | 一种非主观性自由

自由作为一种伦理神经分布，并不是一个意志主体的事实。意志只能触发一个逻辑。它自始至终都是它自身的逻辑，因此，它才毫不迟疑地向前迈进。如果主体是一个公司、一个国家或一个非政府组织，它仍然会执行自己的逻辑。

但这里所讨论的自由，作为一种与效率情境之间的距离以及一种与虑及他人之间的距离，因而也作为一种已经实现的伦理，事实上并不是一种自愿的决定。正是这种与他人的关系使我们能够站起来，但不是作为一场意志的斗争。这是一份美丽的礼物，是一份纯粹的礼物，没什么可以预见，也没什么可以回报。生命力就是这份通过分享获得的长久的礼物。这就是自由。

它永远不会否定意志，也不会取消它。原则上它们并不矛盾。但它违背了自由意志，自由意志要求一切事情按照它的计划进行，并且只满足于这一种条件。这种自由仍然来自于一个确定的自在的善的概念。但是伦理的神经分布是纯粹的生活。无论想要与否，都是不可选择的，因为每个人都想要一个确定的善，为此，他们仍然可以说服自己离开。结果是，我们还活着。我们的现实必须和我们的实际状态保持一致，那才叫实现。二者之间不能允许空隙。但是个体不想要这种一致性，因为他想要的是一种确定的善。他们通过另一种意志，即相信任何事情都是不确定的，来获得这种确定的善。因此，他们只能通过在可能性这个包容的维度中写下这种意志来实现它。我们再说一遍，这种自由不是个人的。整体性，作为可能性的创造动力，超越个体并将他们联系起来，而不是围绕着一个预先确定的，但并没有获得共识的"共同善"。

作为自由的效果，并不像它的决定那样，是一个自愿主体的事实。为此目的，它带领我们去思考一种存在于逻辑之间的，本身并不符合逻辑的过程性。

自由：连续还是中断？

但是，在可能的连续性中寻求自由是否合适呢？反过来说，它不正是在事件的自然连续性的中断中被发现的吗［ARE 06b］？汉娜·阿伦特（Hannah Arendt）试图提出一种政治自由的概念，这种概念摆脱了意志和自由意志的思想框架，在其中看到的是一种执行，一种高超技巧，当世界（而不是生命）处于危险境地时，就会在某个共同空间展现出来。因此，每当朝向死亡的自主过程被打断时，自由，作为一种开启的能力，一种奇迹，就会出现。但具体情况下，这仍有待重做，必须重新开始。

对她来说，"……无论源于什么，自主性都是所有过程中固有的……"［ARE 06b］，因此它既是历史的，也是自然的或宇宙的。作为向死而生的生物生命，处于自主性之下的任何过程，都在努力掩盖一种启动汉娜·阿伦特所看到真正的政治自由的能力。

然而，我们已经强调过，在意志的推动下，一种逻辑倾向于执着地向前发展。这在前面引证中被表达为所谓的"自主性（automatism）"。作为回报，则必须允许详细说明"非逻辑可行性（non-logical viability）"名义下要理解的东西：一种非自主性过程，一种存在于可能性内部的，仍然会对效率逻辑产生影响的可行性。

还必须指出，如果政治自由可能要求革命性的中断（相对于

某些自主过程），完全哲学性的（如本文所研究的）伦理自由则
必须强调伦理上的神经分布，这种神经分布总能将我们与其他人
或能够使我们敞开心扉的东西联系在一起。因此不是中断，而是
揭示那些已经存在的事物；揭示那样一种生命，即它被认为是
（冒险地）被用来符合那种哲学意义上的自由，以及那种真的被
设立的处于与他人的关系中的假定。

　　既然最后的自由不是严格的人类学意义上的，它也不可能仅
仅是政治学的。汉娜・阿伦特强调政治和哲学之间的千年对立是
正确的①。为了消除对当前工作风险的误解，肯定不是禁止每个
人（政治上）的琐碎和根除的问题，而是应该竖立起这两个标志
以便可以让每个人，即使处于很边缘的立场，都可以理解那样一
种严格的伦理思想。

　　在这些条件下（哲学对可能的、向上的政治活动进行严格的
思考），一种关于自由的伦理概念可以与过程性思想联系在一起。

3.5 ｜ 效力作为效率与效果的整合

3.5.1　效率概念的迁移（真诚）

　　以这种方式重构的效果概念是否能够影响逻辑性的效率？为
此，它应该促进与后者相关的外在性和表征稳定逻辑的内在性
（固有）之间的调和。这种调和一定不能是逻辑性的。它必须调
和这两个要素，以显示它们的关系的真相。

　　让我们以一个确定性被确立（在外部）的情况为例，它在不

---

① 记住，她自称是"政治思想家"，而不是"哲学家"。

加质疑地接受它所提供的某些条件的同时，却对逻辑的群体一致性提出了质疑。这一确定性将根据某种倾向，重新部署可能的整体性，从而使一系列其他确定性获得创造性空间，这些其他的确定性在新的条件下会向下重整（reintegrate）（内部）过去的成果。其中的不完整性将被逻辑发明的自发运动带来的多元化所纠正。每一种逻辑都由意志带领着进一步地发展。但是，逻辑具有多元性这一事实阻碍了它以极度单向的形式发展，也阻碍了极端偏向其他方向发展的那些可能性。此外，它允许对所隐含的内容进行预防性的探索。

不可否认，条件间的相互关系包含着某种竞争 ①。行动者之间存在着竞争，因为他们都试图给出新的条件，更准确地说，他们都想使他们的行动更有效率。在帷幕再次落下时，这个维度是真实的。随着确定性越来越清晰，环境越趋于饱和，并逐渐冻结，下降。我们坚持认为，这是在讨论中达成的。但如果认为这一种开明的辩论交流，每个人都准备好了以公正的方式听取其他人的意见，那就错了。大多数时候，对行动者来说，这是一个通过使用具体的可能性来确认他们的兴趣的问题，这些可能性使他们能够控制语言以及内里隐含的东西。这是一个权力制衡过程被监管性拉长的问题。在当前的政治讨论中，这当然是正确的。辩论的竞争性参与了这一悬挂帷幕的过程。在外部和内部之间，它带来了一种消极的调和，这种调和支持论点的客观方面（不同的行动者将其作为其可行性的传统标准来接受）。但是在讨论中还有另一个方面。

---

① 在科学研究和创新的实际过程中（可以通过实验测试作出决策）的确如此。在（它们影响下的）社会自身的良知中，因而也是政治的良知中也的确如此。

有一种积极的调解，据此，一种整体性的倾向总是在可能的范围内被重新定义，这在行为者之间的交流中并不令人反感，反而能把条件的外在性（效率）和过程的内在性（有效）结合起来。一开始，我们可以试着将这种效力（efficacy）描述为真诚（sincerity）。

在这里，它不只是指在某些事实和确定的事件上不说谎的习惯，也不是一种能够或多或少促进平静生活的行为。它的社会的、功能的意义，既不是针对性的也不是心理层面的：比如引起说谎或后悔说谎的所谓良心。相反，这是一个通过可能的有效途径，对偶然性采取新的态度的问题。如果可能性被认为是一种隐含的要素，在行动的逻辑发生的地方上行，偶然性仍然可能是下行的。在某些事实中，偶然性可能是这样发生的，但也可能没有发生，或者没有以这种方式发生。每次都是具体的。

然而，由于事实被置于向上的境地，因此，它不但不能消除偶然性，甚至不能减少偶然性，所以它便具有了哲学的意义，并对偶然性有了自信的开放。这种开放是真诚的，可以在讨论中进行（很少能真的实现），但其实现的条件不允许自己回到明确的程序。讨论可以导致平衡地考虑到所有参与者的利益。它可以向一个比利益和身份更具包容性的维度敞开：在某种条件下开启可能的倾向性以及可以带来偶然知识的自由 [①]。效果并不能把我们从真实性（reality）中分离出来。后者是下行的这一事实并没有使其变得不重要或微不足道。但现在人们可以理解它是从距离出

[①] 在语境中，必须非常认真地考虑利益和身份。但是，从哲学的角度来看，它们并没有用尽在一种情况下所面临的利害关系。它们不是不足以描述行为者的自由，这也可以是与自己的利益或继承的身份保持距离的自由，而这种距离只能从自身的利益出发才能实现。讨论是真诚的。我们可以把程序性步骤看作是试图确保讨论的诚意。但这具体地解释了他们控制应急。

发的，从条件的逻辑出发。这导致认识到偶然性的最大边界，因为从某种意义上说，发生的一切都是偶然的。同时也导致对我们所采取的态度的纠正：意志不再控制效率逻辑，而是对意义的不可判定性、多变性在每一次每一种情况下都能保持良好态度的这样一种善秉持开放的态度。我们知道，这是我们可以做到的（但肯定不是仅仅出于意志）。

真诚使效果的两个方面结合在一起。与其他相比，它转化为一种善意的关注。事实上，把事情的发生向好的方面看，把别人的行为理解为一种表达，大多数时候都是弱点，它就不再是恐惧、嫉妒或仇恨的牺牲品了。同时，它会向可能的倾向性保持开放的态度，公正地聆听不同的决定。它遵从对整体性群岛（archipelago of a totality）的定义，并且能够看到在这种情况下哪个转折点可以鼓励可能的可行性。

但是，真诚能调和效率和效果吗？外在性与内在性的矛盾能否在没有任何一方被还原或者一方向另一方妥协的情况下得到调和呢？只要存在真诚，逻辑就会留在伦理的神经分布中。只要一个人以开放和自信的态度对待偶然性，在可能性中上行，他就有了允许在语境中调整其逻辑、改变或鼓励另一个可以补偿它的逻辑的效果。这样，意志就可以整合进真诚，但两者永远不会混淆。这两项自由的成就仍然保持独立。

外部和内部之间的联系必须被表达为共有（co-ownership）。行动者把一个新的确定性作为整体性的一种理解（真诚的，因为它是开放的和无偏的），并因此从这里进行重新定义。这种确定是有效率的（能够实现意志所提出的目标），在可能性和它的创造力的支配下起锚。效果支持逻辑的多元性，逻辑之间相互约束，因而延缓了偏差。这些只有当失去了诚意以及失去了与偶然的密切关系（当欲望到来时，它想要控制、占据一切）时才会变成阻碍。

这种意志自由与作为真诚的自由之间的脱节，以一种特有的方式表现为逻辑只向外在（根除、扩张逻辑和纯粹贪婪）或简单内在（琐碎、稳定逻辑作为部分同一性确认）的偏离。在第一种情况下，是一种为了获利而驱使其他人出局的利益；第二种情况，是一种与身份相关的利益。在这两个具体境况中，意志自由否定并且隐藏了真诚[①]。

3.5.2　证成

如果伦理是有效的，如同实现的自由一样，它就能够影响效率逻辑的发生。这种影响是借助对不公平（inequalities）（一种逻辑的主要发展方式）的真诚关注以及对理论化过程中的偏袒和偏见的谨慎。这种偏袒和偏见会令伦理神经分布失去活力，从而进入一种纯技术的和纯形式的境遇当中。

但更具体地说，我们曾经问过，如果动机是自由的这一事实是否能够影响逻辑的效率。自私的动机、多愁善感的无私以及与价值体系相关，它们都与行动者的意志有关。但是，如果不做简单武断的表达，如**乐趣**（bon plaisir），因而在现实中被动地屈服于围绕并规定了我们的条件的决定性作用的话，那么它就可以在行动中与真诚携手合作。

[①] 我们必须强调，一个危险的、即兴的立场，一个与其他决定有关的决定，和一个从认真倾听全部倾向，从沉思偶然性，在深思熟虑的、向上的运动中恢复最相关的决定的立场是有区别的。后者将在完全不同于前者的意义上获得自由。只要不失去这种向上配置的观念，一个行动就能够确保其可行性。

自私的动机是真诚的，如果他们表达对依赖我们的人的责任感，而且如果他们被其他动机衡量和平衡的话。这些与一种多愁善感的无私有关，可以表达一种宗教的慈善意识以及对他人不幸的一种非常纯粹的敏感，但在那里，它们又必须与其他人结合起来。在它的诚意中，提及一种价值体系，也必须使它不因它所引起的行动的后果而无益。

在这三种情况下，使动机合法化，并保护动机不受意志介入带来的偏离的影响，就开放了伦理神经分布的可能性。尤其是对于被真诚支持并赋予活力的意志来实现的逻辑将被改变、裹挟或发展，一句话，就是重新思考。

如果追求动机不是自由的，如果自私占用太多的空间，如果多愁善感是武断的，或者价值观是片面的，那么在中间，就会有跳跃、断续、失去可能要素，而事实的残酷约束也会痛苦地被经历到。另一方面，持续地关注可能的可行性动机，不断地确保自身的永久性，就可能在与琐碎和根除同等距离的情况下建立一种连续性。有效逻辑在研究或创新中所使用的明确条件会根据我们是否会注意到这种可行性而不同。因此，效果对效率是可能有影响或者说是有效力的。

但我们如何看待这种影响？应该给出哪些指标来理解这种既不允许客观化（它不能是一个人使用的收据或程序结果，因为这会把我们束缚在外部性上），也不允许主观化（否则它就和意志一样了）的影响？

真诚范畴是理解伦理对有效逻辑可能产生影响的关键。我们现在需要研究这种影响的方式，而不必声称是穷途末路。但首先，需要一些关于责任和履行责任的方法的观察。

观察 3.3-

这本书至少可以三读。

首先，是一次讲求效率的阅读：它对应于采用的章节编号等，并认为文本是信息内容的线性阐述。这是必要的，但不充分。

其次，二读将是有效的。这可以从最初计划的编号中获得理解。后者给了这本书一个特别的要素，它以一种特定的方式划分章节（这与这里采用的不同），而不是列表 1.1……第一个词是定义组合词的字母组合。以这种方式，出发点（前言，注 A），反映在导言，AA，并采取了从第 1 章，AB。对效率、效力和效能之间区别的不确定考虑（前言）和结构（导言），并开启了正义的第一个问题（AB 章）。第 2 章提出了正义的第二个问题，第二次冲突，AC。这两个变化是在一个巧合（同样适用于正义的两个方面），BC，但这一时刻表明，正义的考虑，在其运动的伦理方法（效果）。这一抵消的后果在第 4 章 BD（对应于目前的 3.7 点）中作了阐述，该章开启了一个新的变化（效率和效力的结合）。第 5 章 CD 将这一整合扩展到实践层面。这样，就有两种变化依次改变了文本的变化：公正和效果；以及两种巧合：效果和实践性，两者紧密结合（四种因素相互交织）。组合给出了语篇前进的节奏，影响了各章的划分（没有它就不同了），并参与了一个渐进文本的原创性，不是以线性的方式，而是通过一个持续的转移，它准确地表达了一个部署（而不是一个简单的信息说明），整个过程表示"交叉资本重组"（目前为 2.5）、ABC 和结论 ABCD 的编号所涵盖的进展。在任何情况下，字母的组合后面是一个传统的编号，各章的章节。

最后，三读，保持与前两者之间的距离，但并不与它们脱离，可以尝试充分表达一种伦理上的要求。

第 4 章 关于效率的实践

我们已经看到，效率逻辑的展开有可能导致系统性的不公正。这也是为什么要考虑是否有可能对这些逻辑施加伦理影响。当涉及正义问题时，作为伦理成就的自由概念必须与**负责任的**行为 [①] 这一要求相一致。然而，当今天分别从法律角度和代理人角度来思考这个问题时，这种责任将面临两个困境。

第一个困境与法律有关。如果我们真的采取了一种与法律或伦理标准相适应的方式去承担责任，那么在面对比如技术创新带来的新问题时，是不是即使视而不见也不会有任何风险呢？事实上，责任比以往任何时候都更意味着对我们的每一个行动（例如，创造技术客体的行为）及其后果要进行更多的伦理反思。但不幸的是，其中大部分后果是无法预测的，这导致要求对自己行为造成的后果负责（以及负责到什么程度）是根本不可能的。仅仅遵守公认的规则当然是不够的，但要对发生于高度复杂的相互作用之下的，往往还未在现实中存在的某种事物产生理解，这样的要求同样无法得到满足，其结果必然是顾此失彼，疲于应付。

[①] 参见［OWE 13］，特别是第 7 章（由 Alexei Grinbaum 和 Christopher Groves 撰写）。

在这种不确定情况下，所谓预期被越来越多地建立在毫无基础的想象之上了。

第二个困境则与代理人有关。让某个个体单独对某一事件负责越来越困难，对技术创新及其后果来说尤其如此。这是因为，是许多人，而不是一个人，参与着技术设备的设计、分配和使用（与设计者的意图相比，这可能是更具创造性的）过程。但是，如果一项技术最终导致了某种悲剧的发生，也不能因为某个个体只参与了其中某个制造工序就对其对整个设备可能造成的影响简单地进行免责。

以上两个困境对于今天出现的与效率逻辑相关的责任问题来说至关重要（对此，技术手段尽管是必不可少的，却只是一种特例）。审议这些问题主要是为了探讨应以何种程序对此加以确认以及如何能够让最广泛的利益相关者参与到审议当中。在此，我们先不讨论方法问题，而是通过区分责任的政治和哲学内涵先将责任概念进行一下拓展。

责任在其政治意义上是建立在理性、深思熟虑和知情辩论[1]的基础上的（当然，只有在其理论蓝图中，交流才会还原到这种程度）。这是建立在简单的人类学基础之上，希望感兴趣的和具备参与身份的主体都能自愿参与讨论，在讨论中分享他们的理性和想象力（我们已经看到，这在不确定的情况下是必要的）一种愿景。他们试图由此能够达成最令人满意的一致意见。

---

① 在这方面，我们必须记住两股"协商民主"潮流之间的区别。其中一个煽动对"预格式化"的小型公众（反对偶然性）进行推理，而另一个则考虑到在大众社会中工作的民主进程的复杂性。参见［CHA 11］，这表明研究人员对第二个问题越来越缺乏兴趣。

责任的哲学意涵不能抵消其政治性。二者是相辅相成的，哲学一直致力于寻找隐藏在政治背后的东西。为什么甚至在最宽泛的可能性上也不能把责任还原为协商呢？这是因为对偶然性的理解必须在一种实际的动态关系中才能实现，而不能仅仅是对事实和价值的一种衡量（weight）。这也是为什么自由能成为一种伦理成就的理由之所在。有效的、技术性的或其他的逻辑总是已经被纳入可能的整体性背景之中，倾向性就是在这里显现的。如果希望在创新过程的上游注意到总体倾向性，需要知道任意给定时间的确定的相关条件。政治审议就是通过对这些问题进行讨论来平衡利益和价值。而哲学意义上的责任则是通过对政治审议保持部分的开放来完成使自身保持最广泛的开放性这一种诉求。它关注的是，整体性如何从一个新的条件出发，通过对后面已知的条件加以整合从而改造自身的。这需要通过对行动发生的基本层面的了解来实现，因此也是通过对偶然性的理解来做到这一点的。它试图在实现的自由中保持一种开放的关系。它使自己对一种有效工作过程的多面性，即对不相容逻辑可以表达同一过程的多个方面保持敏感。

为了回应这两个困境，哲学责任（philosophical responsibility）俭省了人类学或主体性哲学（也便俭省了意志），以便从一开始就将分析定位在可能性产生的上游水平，以及产生于可能性的一种活知识（lived knowledge）的自由（困境二，相对于代理人而言的）。此外，它不是以随机使用想象力为基础，而是考察已经涉及情境和活动条件的可能性，以影响整体倾向在发现新条件后所发生的改革方式（困境一，关于法律的）。

4.1 | 存在于"两者之间"的逻辑

逻辑的偏离(deviations)可能性会导致系统性的不公正。我们确立的两个正义问题分别遭遇了扩张逻辑和稳定逻辑偏离。第一种偏离涉及利润性利益(interests of profit),它有可能导致财富分配过分不平等。当一些人过于领先其他人的时候,这种情况就可能发生。第二种偏离与身份认同利益(identity interests)有关,它可能导致各群体之间真正的分离,并有可能使之升级为公开冲突。

公平分配和限制分离的目的是要极尽所能地来对付这些偏差。为此,我们才去谋求承担责任。同时,在它们的相互表达中,在它们所承载的隐含维度中,它们更新了待定逻辑的形态。

在导论中,我们提到过效率逻辑可以在效果逻辑中被发现和重新部署的可能性。但是,我们不得不从根本上重新定义效果,以便能使稳定逻辑在作为一种效率逻辑时,可以与扩张逻辑几乎处于同一水平。它所暗示的其他效力并未给予其明确的合法性地位。从真诚出发,对合法性进行严格的思考(这将导致伦理的实施,亦即对不公正采取负责任的态度),应该在上游进行,而扩展逻辑,就像稳定逻辑一样,应该在下游进行。

那么,人们应该如何看待合法性(责任的度量衡)呢?我们认为,在多元化不断扩散的情况下,仅仅依靠明确的逻辑,例如解释真正普遍价值的逻辑,以遏制危险是不现实的。寻求界定和确定这些价值观,对这些价值观而言,合法性将是一项普遍权利,这无疑是一项挑战。但是,这可能只是解决方案的一部分,而解决方案本身也适合定义的语境。要解决与逻辑效率有关的所有问题，不可能采用单一的逻辑，这将得益于监督的地位。

逻辑的合法性不能建立在这样一种等级制的设计原则（hierarchical design principles）之上。无论是来自严格执行的程序，还是去除了武断和偶然性的论点，它都会受到质疑，因为它是建立在部分决定的基础上的。

更深刻的是，这种合法性不能仅仅建立在与突发事件有关的控制地位之上。如果意愿试图确保控制突发事件，以便有效地实现其目标，并将其进一步投射为外部控制或内在的分流，那么它只是根据其每次所暗示的决心而谴责其单边主义。

但是，另一种办法是可能的，它可以随时处理，不需要有系统的判断，也不需要举行会议，无论会议的性质如何，都是一种好处（尽管它使我们能够改进自己并从中吸取教训）。这一层面的质疑展现为逻辑之间的"真诚"，在逻辑中，它的作用是平衡它们，以确保可能性是可持续的。

有效的逻辑，想要控制偶然性，试着搁置它的成就，把它放在一个安全的地方。为了保证它的安全，逻辑在收缩或扩张的循环中被扭曲：它想在自治的逻辑圈中关闭圈层（spheres）。但是，这是有代价的，这就是回到部分的决心，"跳转"抵消，多重和细微的可能性折叠，而不是部署它们没有强加任何东西，假设它们。

要解开可能性的耐心，要确保它对其存在的永恒性敞开心扉，这种耐心与完成、得出结论的意愿是不一致的，这就是逻辑学的意愿。后者强调持久性。康德寻求经验可能性的条件，这是每一个有限存在的条件。人们打算完成对这些情况的调查。他相信他已经一劳永逸地识别并分类了它们。他相信，对于未来的人类来说，不再有可能出现意外。条件的先验永久性为以后所有具有敏感性的会议提供了具体的框架。

对于黑格尔来说，主体意识到自我的过程本身就是逻辑的本质，它本身就是朝向绝对知识的实现。这当然是一种理性逻辑，为此渐进的步骤证明了否定之路存在的必然性。希望通过使每个要素都回到生活中从而使得逻辑得到部署，这的确需要耐心。但过程的逻辑本质，其中必然性依然是最终的界限［正是在这一重要方面，首先被看作是一种"要素学（eleutheriology）"①或自由理论的伯纳德·马比勒（Mabille）被要求在系统中减少必然性的重要性。尽管，这对黑格尔来说同样重要］强烈要求闭合（closure）②的完成。

逻辑学追求闭环的安全性（这也是黑格尔的"善无穷大"③的表达式的来源）。偶然性多样化外表背后的制度却是不变的，这立即使我们与后者共处于一种不信任的关系中。它被认为是无关紧要的、武断的、琐碎的或被推到感性的不可预知的一面而被拒绝。逻辑学想要支配偶然性，因为它对偶然性的最终性质提出了质疑。如果它成为许多事物中的一个实例，与其他事物不断地联系在一起，它就不能再作为终极事物而完整地保存下来。

---

① 参见［MAB 13］第 7 节。

② 康德和黑格尔的逻辑不同于今天被赋予权力的逻辑。后者寻求更快地展开，但同时，寻求锁定偶然性，从而将它们推入收缩环（向心）和扩张环（离心）。作为回应，对可能性的反思不断地确保了它的可行性，同时又不脱离内部与外部、抽象与具体之间的伦理神经分布（莫比乌斯环的意象）。逻辑从被整合到这个条带开始。

③ 特别地，［HEG 82］。

有许多逻辑，彼此相切，不断变换，却没有放弃它们与偶然性的对立关系。但是，后者仍然是它们发展的秘密源泉。他们总是设法确保持久性，但要把决心限制在有限的范围内，并放弃对其他领域的考虑，而代之以其他逻辑的效率。永久性现在将用逻辑效果区域来划分。每一个都确保在自己的圈子里。这允许它的效率，但并不意味着它的合法性。

后者，如果要（负责地）对抗造成不公正的偏差，就不能依靠效率的纯逻辑方面来实现具体目标。原因很简单，逻辑依赖于一种坚定的意志，它只能在尽可能快地吸引和服从其他逻辑的同时，设法确保它的循环。逻辑的纯逻辑关系就是对关系的捕获。

合法性则需要完全不同的东西。它声称要考虑逻辑学的中间部分，逻辑学是把它们联系起来的媒介。这种设定条件的媒介就是可能性。然而，由于偶然事件是很可能已经发生或没有发生的事情的汇合点，因此需要从一个既定的上游立场来满足和欢迎它。它不是在寻求永恒，而是在永恒中徘徊，在可能性中不受干扰。在发生不可预知的情况下，只要它采取一种专注和开放的态度，它就会主动地提供这种可能性。

如果一个人不专注于掌握偶发事件，而是专注于倾听它的上游，那么我们将被清除出访问部署逻辑的这个媒介的权限，这是一个与偶发事件毫不相关的媒介。事实上，逻辑只有在不断完善它的循环时，才能看到它日益精确的必要区别[①]。但是，这种必要性可能与任何支持逻辑早期发展的可能性的效果有关。伦理过程通过它没有意识到的逻辑，撤回了它自己。尽管如此，逻辑仍

[①] 一次闭环可以很完美，但是不能持久。总有偶然引起的意外出现，来否认这些逻辑。

在继续展开，仍然没有意识到，而且越来越突兀地跳过了可能性。于是，人们只看到逻辑之间的决心，而决心的后面，元素的偶然性就消失了。反过来，这又总是压倒这一决定，因为这只是在整体中确定的一种关系。

逻辑的偏离及其造成的不公正，可以理解为一种永久性的偏执狂。对它的依赖、它所代表的安全、确保这种循环性能够在任何时候得到恢复的意志[①]，以及对其决心的需要，充其量与使其发展的逻辑合理化无关。

这应该以对逻辑之间发生的事情的谨慎关注来证明。面对持久性问题，它以一种对偶然性保持开放的态度提出了可能性永久化的问题。从琐碎的过分行为和根除来看，在我们陷入的具体情况中，不同的逻辑在起作用。虽然我们总是沉浸在这种有效的媒介中，但要在语境中充分理解有效的逻辑，我们需要慢慢地学习真诚（sincerity）。

事实仍然是，正是由于这种真诚，在注意到一种情况下可能性的永久化的时候，不同逻辑的合法性才能得到明确、解释和质疑。在逻辑学之间，人们可以根据对可能偏差的了解，找到与给定上下文有关的使某种逻辑合法化的东西。但是，这还不是全部。因为，我们立即置身于这种环境之中，对于逻辑及其构成的合法性的理解，将直接有助于这种逻辑的弯曲，并通过我们的行动来实现它的转变。

---

① 永久意志是主观的。它是主体的事实，是自由意志的表达。

4.2 | 圈层与合法性（效果和分离）

可以论证的是，如果每个领域都限定了一个自由的圈层（spheres）（其他人不能干涉的圈层），那么就必须在圈层分离中寻求其合法性［WAL 07］。对于沃尔泽（Walzer）来说，圈层是指教派、国家、大学、公民社会、家庭等。自由主义是一种灵活划界的艺术，通过不断区分它们来防止一方对另一方的侵略。因此，自由和平等的确是合法性的标准，但与正在实行这些原则和价值的社区广泛分享和接受这些原则和价值的事实密切相关。

一个圈层的逻辑曲度界定了该受保护空间可以被入侵的程度，允许这种曲度存在的自由似乎是最为重要的。人们认为，政教分离就是自由宽容的成就，它所允许的良心自由是不容置疑的。这种情况首先是因为宗教信仰的转变只有在相关人士密切接受的情况下才有意义。与此同时，国家逻辑按其次序是有效的，不需要涉及外部的宗教因素。每一个领域都通过使自己具有自主性，找到了自己的效力，我们不能安全地回到一种已经过时的混杂状态中去。

从这个意义上说，自由是消极的，但同时也是积极的。它基于不去干涉圈层的划分，因而它是消极的；其所做的分离是基于共同的意义，因而它又是积极的。正因如此，州、大学、家庭等之间的界线是相互连接而不是相互分离的，它们仍然由共同的生活联系在一起［WAL 07，p. 63］。

从这一点出发，我们可以尝试找出沃尔泽理论的一个弱点。后者是作为一种稳定逻辑展开的，只涉及作为剩余的效果。它稳定了这些领域的相互外部性、反渗透性，从而稳定了它们的决心的倾向。从多元化出发，它试图在社会中创建一个生活图表，标注出不同的社区、地区和行政区。它会要求如何设置才能不把我们作为人而分开，这是它所坚持认为的，圈层不会把我们分开，而作为机构，比如学校、市场等，这样的设置又会做出某种划分。

如同稳定逻辑一样，它也隐含着要在权力、偏见、奉承和博弈之间进行平衡的维度①。圈层是不稳定的，隐匿的偶然性会使分割线移动。这些观点会影响社会共识，而社会共识本来是用来证明对领域做这样的区隔是合理的。以沃尔泽［WAL 83］为例，我们如何知道哪些规则必须用于管理医疗服务？受访者受其社会地位、故有偏见、政党宣传等因素的影响，因此达成对这个问题的共识似乎极为困难。本该充满自由和活力的共同生活要素，却因被不同的成见层层遮蔽，因而产生了充满随意而多样的意见。简言之，人们常常是由各种自己并不知道的社会、经济条件所决定，因此，无法承受任何偏离这些条件的后果。也正因为如此，他们出现时并没有在他们自己的内容中作为一种将自己与一个群体联系起来的方式而被审查。

与此相反，我们认为效果与决定我们的各种条件之间是存在一定距离的（但需注意，这并不意味着其中有任何条件可以被消除）。持主流观点的人似乎不易发现这个距离，反而是那些敢于冒险追问有效的伦理关怀问题的人可能会发现它。尽管大多数美国人拒绝同意面向穷人施行免费医疗覆盖（这可能是因为他们本

---

① 实际上，沃尔泽并没有区分这两个正义问题。他认为第二个问题是："我们如何才能在不把他们彼此分开的身份之间设置界限呢？"在人民的共同意见，作为对第一个问题的正确回答："我们如何才能获得社会商品的公正分配？"也许太仓促了。

身属于小康阶层，已经感到负担过重；或者是因为他们的偏见，认为即使贫穷也必须自己来支付卫生保健费用，否则就是鼓励懒惰，如果他们自己能够努力工作，那么很快就会富裕起来，足以能够负担起医疗保健费用等），还是会有一种更为公正的思考会注意到那些起作用的倾向，即一个富裕的社会应该虑及穷人并因而会朝向为穷人支付退休金的方向而作出努力。意见的合法性不在于它是否得到了广泛的赞同，而在于它是否能够为与该决定有关的人带来有效的自由。

如果现在回到我们曾经考虑过的效果问题上来，我们可以说，只有稳定逻辑，而没有对每次从划界产生效力之后的总体性进行考虑，就如对各圈层的分离所定义的那样，这是不够的。因为，在这些以外部性维护的独立圈层之下，一个隐藏的过程总是在起作用。就其本身而言，每一种方法都试图确保其自身的循环性，以获得准确性，从而吞并其他领域。捕获不是一个可以消除的逻辑方面。任何时刻存在的偏差都被写入逻辑。只有考虑到它们之间的效果，才能确立它们的合法性。因为国家领域和经济领域一直是围绕着它们的整体的竞争对手，是它们具体决定性的上游。仔细注意特定的整体性（本身未指定），其中每个逻辑都接受了与涉及的其他逻辑相关的特定决定，从而允许对工作倾向有足够的了解，这是防止可预测偏差的唯一方法。每一次，我们都必须从有效分割的地方考虑整体。一种逻辑的间接合法性存在于其中：不在于它的成员资格，而在于它本身可能不是自由选择的（其动机主要是希望表现出与某一特定群体的联系），在于具体的价值观，在于共同的尊重，这是一种纯粹的天赋，使我们保持在可能性的可行性之内。

从实际的总体来考虑合法性（从而使行为人在上下文中能够行使责任），需要对两种特别有影响力的设计进行界定。

4.3 │ 既不是"看不见的手"也不是"狡猾的理性"

看不见的手和狡猾的理性这两种策略显示了相似的结构。对于亚当·斯密（Adam Smith）［SMI 91］来说，所有个体对自身自私利益的不受限制的追求最有可能使整个社会的利益得到满足。他反对重商主义，认为实现共同利益需要市场效率和自由竞争。因此，对他来说，有必要让每个人自由地追求自己的利益，而不是通过过度的监管阻碍他们。这种关系在个人利益与社会整体利益之间作为一个整体发生作用。看不见的手认定二者的这种关系是天然的。通过行动，每个人都比他们想象的做得更好。这一理论涉及与收益相关的利益。

然而黑格尔并没有忽视后者，他更倾向于将利益与身份联系起来［HEG 65］。个人热情地追求一个目标，为了这个目标，他们牺牲了所有其他的目标，屈服于他们的需要、欲望和自私的利益。但是，就历史而言，后者只是世界精神用来实现其绝对目的和实现充分自我意识的工具。这一次，自私的单一利益关系在发挥着与世界精神相关的作用，每一步都由一个民族的坚定身份来表达。

在这两种情况下，单个代理的活动都被简化为一个总体逻辑。他们忙碌的躁动不安是在一个更高层次的逻辑平衡中定义的。在确保其行动者目标的基础上出现了一个共同的目标，这一目标的实现不仅因为行动者不知道，事实上部分原因是他们不知道。他们转过身去，表现得比意识到这一点时还要好。他们知道他们所趋向的善，但是他们忽略了他们所做的更大的善。

这种收集个人忙碌成果的逻辑是一种终结。它的目的不是为了另一个目的。需要、欲望和利益的激荡在其自身达到顶峰，但它不需要超越自身，走向另一种逻辑。成就，目的，是一种明确的逻辑，具有特殊的利益。

但是我们在这里想的是别的东西。在有效的行动逻辑中，一开始就有许多参与者。它可以是某一特定部门的公司的利益，也可以是一个国家或国家集团的利益，也可以是非政府组织的利益，等等。它的利益不限于个人的利益，也不一定是自私的利益。我们认为，逻辑所要求的目标并非每次都是必要的。它完全是在其发展过程中寻求进一步扩大。因此，它永远不是目的本身，永远不是绝对的。它与其他逻辑有关。

对经济学家来说，自由、不受扭曲的竞争必须发生在个人之间。正如卢梭的共同意志一样，它不受部分利益集团、游说团体等中间群体的影响，这些中间群体会影响过程，阻碍平衡。这里讨论的逻辑有点像这些带有偏见的中间人和有偏见的社会团体的作用。它们既不是最基础，也不是最高峰，这两个极端概念正在失去意义。它们以一种特殊的决定方式组织效率。

然而，效果（effectiveness）永远不是某个特定逻辑之下的事实。更确切地说，它应该在逻辑之间，在一场相互对抗的游戏中，在相互之间，在相互远离的情况下，在某个询问的确定语境下去寻找。它在本质上既没有逻辑性，也不抱有任何特定的目的，它通过意志以外的方式运作，不作自动补偿。也就是说，行动的个体当下不必凭良心，并因而置身事外。

这一含义来源于对可能性的认真倾听,以发现潜在偏差的危险。这不是在行为人不知道的情况下发生的,而是需要一种意志上的禁欲主义。由于后者以逻辑上的一致性来满足它作为一个目标所提出的兴趣,我们必须抛弃这一目标,以便接受这一逻辑的客观发展及其可预测的演变。经过考察我们会发现,一个人总是准备颠覆逻辑,甚至放弃兴趣。毫无疑问,真诚从不要求我们放弃个人的忠诚(相对于那些与自己关系密切的人),而仅仅是有时想把自己的意志从行动的逻辑中剥离出来。重新考虑我们周围的条件和意志相对性之间的可能性,是我们为开放自己、使自己不受这些决定因素影响而付出的代价。

但是,效果包含更多的差异。"看不见的手"进入了利润逻辑的狭窄领域,它只是要求将这种逻辑留在一个不受其他逻辑保护的空间中发挥作用。一旦扩大范围去思考稳定逻辑,它就沉默了(记住,亚当·斯密是一位伦理哲学教授,因此,"看不见的手",作为其经济工作的一部分的一个重要特征,只表达了他的部分思想。与只作为一个经济学家所能给出的相比,他的思想要丰富得多)。

然而,在黑格尔看来,效果(effectiveness)是在一个更高层次的概括性上起作用的(我们可以说它是上游的),但它的企图(如果我们可以这样说的话)的限度是通过达到顶点而达到绝对。因此,过程结束了,循环消失了,但是生存能力受到了损害,偏差受到了威胁。

效果的扩张概念考虑了逻辑形成和发生的元素中生存能力不断的和无限的重新挑战。它这样做是通过重申它对在范围内审议的扩大的框架的要求。总体性总是要去上游,以便包裹住效率逻辑（efficient logics）以准许它们的转换。仅考虑利润逻辑就会将我们限制在一个非常狭窄的概念框架中，因为效率逻辑其实也可以应用于许多其他领域。

我们认为，反身性框架的扩大必须包含自私逻辑和伦理逻辑的下游（如价值体系）。要充分地从上游考虑这种情况，就需要接受从经济效益到伦理效果的整个谱系，并从它们的对立中把它们结合在一起，以防止某个具体逻辑的偏离。

这应该有助于更准确地解决"看不见的手""理性的狡猾"和效率之间的另一个区别。三者都涉及自由。虽然"看不见的手"强调了在不受立法机关干涉的情况下追求个人自私目标的简单自由，黑格尔却提倡实质自由，这可能要求个人在战争的关键时刻代表国家作出牺牲；效力（efficacy），在更宽泛的概念上，把自由看作是偶然性的一种开放和确信的主人以及与条件决定论之间的一种距离。这种距离使真诚关注和对他人负责任的尊重成为可能。

前两种是意志的自由，第三种试图通过简单和创造性的方式，将存在于意志成就上游的各种进程联系起来。聆听情境需要什么，以便成为可能性连续的一部分。它将处理意志的逻辑，使用和推广它，但始终会领先一步，不被连接起来。通过在上游探测琐碎和根除的影响，从而在逻辑之间建立可持续的平衡，这才是一种真正的伦理活动。

因此，真诚使我们处于一种非逻辑的生存能力中，而逻辑是一种物质。这意味着我们能够影响它们。让我们进一步了解这种有效性行动。

4.4 | 偶然性瓜分及其成就

不应得出结论说，任何可能性都必然要被保留。以上论述中不存在所谓"可能性保守主义"这个东西。在机械性交缠（mechanical entanglement）条件下，确实可以区分上游可能与直接提供给下游参与者的那些可能性。机会的不均衡分布既可能是一个可能性过程的结果，也可能是它被遗忘的结果。因此，真诚（sincerity）可能需要重新考虑这些可能性以及是什么使它们以这种或那种方式决定，而不是拘谨于一种良知，这种良知只根据已经发生的事情来判断所发生的是好事。这种重新考虑各种可能性及其重新定义的推动力可以通过"偶然性瓜分（contingent partition）"这样的范畴来表示。这就指向了一个负责任的假设，这个假设表达了一个特定情况下的相关条件，从而走向一种偶然性智慧，它允许消除不平等分配的双重不公正（这需要分配问题的正确定位）和由此产生的人与人之间的分离。

4.4.1 真诚及其逻辑部署

真诚会使我们注意某个情境之下的某种倾向性。我们可以据此采取行动。面对一个非常强大的扩张逻辑，它将回到我们身边，支持一个反对它的稳定逻辑，并为它的发展做好准备。这不仅是理论问题，而且是采取相应行动的问题。逻辑在这两个方面得到了加强，应用它的人的数量改变了它的效率。

逻辑一旦被勾勒出来就会开始发挥作用。然后它要求根据一个被考虑的整体对其隐含的维度进行有效的解释。当后者被毫无疑问地接受时，它就克服了障碍。通过发展自己，它继续加强其向非合法方面的转变，并造成与意志所寻求的相反的影响。从这些逻辑开始占主导并影响到应用它们的主体的那一刻起，逻辑或多或少就会被迅速推出或限定在某个特定区域，同时也受到其他逻辑的框定。

4.4.2　上游的条件与机会

实现意志所设目标的一种逻辑的效率最终可能成为一种能力，它可以产生并带给行动者某种或多种选择。然后，它将成为下游可能选择的一种预设。它与上游可能性的关系是什么呢？前者试图在后者中获得考量。后者是一种介质，其中的光谱可以不断地被创造性地重新配置。

在关键时刻，真诚的上游关注表现在"分割"（更准确地说是相对于新条件的位置）中，这将在最初时刻限制某些行动者的选择。在追求基于部分决定的逻辑时，可行性会强令提出一些限制。介入的分割自身也将被确定，并将从它在不同逻辑之间所建立起来的新的关系中捍卫其合法性。它将是偶然性的，这不仅是相对于它所陈述的内容而言的，而且还因为它将显示出一个通向偶然性的自信的开端，在这种情况下，它就获得了可以接纳确定性之外的能力。后者不仅在意志中是积极的，还将从扩大其所允许的考量条件的框架的角度从上游吸纳所要求的决定（成就）。

这样的一种瓜分不仅可以在下游可能性中实现共享，而且是一种在音乐意义上的划分，它可以开放给演员们，令他们即兴发挥他们寻求的偶然性带来的创造性[1]。

也就是说，在某些情况下，均衡的形式要求，如帕累托原理

---

[1] 偶然性瓜分（contingent partition）曾是本书考虑过的标题之一。

所提出的要求，可以合理地加以限制。事实上，对可能性进行瓜分，限制某些行为者，如非常大的公司 ① 所能得到的选择，可能会使这种情况得以存在，否则，这种情况就会受到损害。如果要确保该办法的合法性，我们不能满足于对下游局势的单一理解，忽视其他选择，排除它们所涉及的具体人员（某些人除外），也不能满足于过度限制的约束（仅在经济领域）。

反击逻辑的行为也在一定程度上限制了逻辑实现的代理人希望开启的选项。显然，这支持了另一种必须加强的逻辑。但在现实中，这种划分偏见纯粹是间接的，当然与个人无关。它从上游整体性地发挥作用，平衡了渐进的决定。

使瓜分合法的并不是在一个既定的传统中接受瓜分，也不是在一个程序所规定的审议之后由多数人作出决定。它可以产生，而且很可能从边际行为人那里，意识到一种可预见的可能性偏差。它是否被转译成行动将取决于危机的发生或预防。

这样一种瓜分一定是源于将真诚推向上游。但是，为了提高效率，它又不得不涉及一些基本的态度。

4.4.3 准确性与完整性

由上游布置的新条件（这可能是研究和创新领域的情况，如法律等）所进行的分割（partition）将效果收集起来构成了整体性，它可能关闭已经确定的一些下游可能性。如果在一系列预先设定好的决定中发现一种整体性，那么它就已经开始在一种基于惯例的关系中发挥作用了。它可以通过放置一个更精确的上游条

---

① 这不是剥夺个人的权利，而是包含已经过于强大的实体（如一些跨国公司），尽管这可能对现有的选择产生间接影响。甚至对于前者，只要他们参与，就必须通过发明其他上游的可能性并使他们能够利用来回答这些问题。

件导致我们置身于已经定义好的框架之外。为了重新定义下游的决定，新的决定必须比以前的更准确。这种重复进行的重新定义，在追求准确性的过程中，是怎样继续表达为一种整体性的呢？准确的倾向性实际上意味着要冒问题区域碎片化和整体性缺失的风险。由于所要求的决定越来越准确，前景似乎反而变得越来越渺茫。

我们不能忘记，条件仅仅是它在其他条件之间建立起来的一种关系。必须重新抓住这种关系，把它作为在一个关键水平上可能性的开端。对于行为人的特殊情况（在特定的研究、法律等状态下），仍然需要作出决定，因为它会带来精确度。但重要的是，它保持了它所看到的在新旧决定之间跳动的整体性，以一种变形的方式（在生物学意义上）来表达它，以一种新的、在所有过程都将保持的条件下使它得到更一致的表达。

想要使一些已经出现的可能性（这对那些拥有片刻特权的人是有利的）不再继续展开，我们必须允许逻辑的重新部署。从更广泛的角度来看，效率和伦理的维度（鉴于它们总有可能随时分离）应该在上游就被连在一起。保持这两个维度在一起是自由思想一致的标志。

为进一步探索，在下一节中我们会特别提到对效率逻辑产生伦理影响的两种主要模式。

4.4.4　伦理影响的两种模式

4.4.4.1　减法

重申一下，这并不需要给出应对特定情况的技术菜单。然而，一个人可以尝试描述某些压力，这些压力可以以一种谋划的方式帮助实现对它的清晰理解。

我们都是从进入一个被高估的前提环境开始的。由于我们只能通过这些前提来看待这一背景，所以我们被引导去思考在尚未决定的位置上还剩下什么。这样就有了一种减法，在这种意义上，我们不由自主地把我们认为已经理解的东西拿掉，并试图想出其余的东西来。但是，我们有时应该在作出目前有效的决定之前，简单地考虑一下给定的整体。

让我们试着通过一个例子来理解这一点。阿玛蒂亚·森（Amartya Sen）[SEN 02]针对理性选择理论中非常有影响力的一个假设提出了质疑。根据理性选择理论，行为的合理性标准是行为主体的个人利益最大化。这种利益本身通常被狭义地理解为纯粹的自私。然而，森试图表明，如果我们在追求自私的目的同时能够保持理性，那么就会草率地推断出无私的行为必然是非理性的[SEN 05，p. 38]。

为此，他给出了理性的定义，即行为是否符合行为人的理性考虑。尽管如此，反对这一概念可能过于明显，他指出，这一概念允许反驳在经济学中具有强大影响力的潮流（包括理性选择理论）。最后他总结道："……然后，对这一基本特征的认识（这一定义的证据）将我们带回到一个没有被以前的理论所掩盖的基本区域。"[SEN 05，p. 49]

森（Sen）为了找到被忽略的后者的维度，超越了先前被高估的给定的理论。无论他在哪里被邀请发展他的下游思维，从一个现成的对理性的定义，只涵盖从给定的东西中减去后剩下的东西，他通过显著地拓宽视角来挑战它。我们说他是在理论成果过于狭窄的基础上向上爬的。但他并没有指明他所处的上游可能性，这是他的理论的范围和广度，毫无疑问，这也是其伦理维度和对正义的重要性。

为了当下的目的，我们必须在这里记下一个要点。读者应注意不要对意志的效力作出减法解释。前者不是一个人拿走了属于后者的东西后所余下的东西。只有在意志起作用的情况下，才能朝着效果的方向前进。但是，当意志受其利益驱使而脱离情境中所涉及的可能性时，就会发生偏离。

除了减法及其所带来的遮蔽风险外，我们还必须坚持多元化及其后援能力。

4.4.4.2 多元化

最后一次政治哲学的大撤退是在约翰·罗尔斯的推动下，导致彻底重新定义了下游的理论图景。正义优先于善的思想［RAW 09，p. 57］是其思想的支点。围绕这一点，不同的社群主义理论发展形成了鲜明的对立。每一位作者在各自的理论演变中都重新设定了关于共同善（common good）概念优先权极为相反的观点：自由主义者对罗尔斯的观点采取了拒绝的态度；功利主义者通过重新定义他们的观点来反击这些攻击。自从迈克尔·桑德尔（Michael Sandel）对自由主义者的这种自由选择以及加入了这样一个善的概念［SAN 99］进行了公开谴责之后，以这样或那样的方式，通过一系列关于新的决定所提供的主题的原始重复来确认或撤销这一优先权的过程中，帷幕再次落下。

观点的多元化使人们更清楚地认识到这种决心的含义，并重新融入自由主义倾向于模糊的理论的隐含要求（特别是在承诺或忠诚方面）。这并不意味着，在某一特定问题上，理论立场将逐渐暴露在人们面前，这样就有了"完整性"。因此，交谈将意味着成为预先确定的可能性设计的囚徒。在某种程度上，这些可能性已经存在，而且它们将被调整，以在两者之间不留任何差距。研究过程只会重新获得这些可能根据组合分类的位置。一旦所有的箱子都装满了，我们就可以离开这个问题，继续前进。

但事实并非如此。实际上，每一个理论阐述都能够彻底地质疑最受欢迎和最广泛认同之间的区别。正是因为这些可能性是在研究过程中产生的，才使得它们不能被分别归类到彼此独立的定义框架内。

然而，每一项决定都有自己的立场，以一种确定的方式对待在某一闭环内被接受为有效的一系列先前的决定。它的出现并非纯粹出于偶然，而总是与特定的环境相联系，这反过来又恰恰表明了它的不可超越的偶然性。确实有一种创造性的理论相互调整过程，就像在帷幕上发生的一样。

但是，悬垂的窗帘不会凝滞不动。只有在我们紧咬下游事实的情况下，才会看到与理论成果相关的决定出现创造性的倾向。但是，这些事实的相对稳定性，它们的习惯性和已知性，它们的熟悉性，只能基于一种无限超越这些的可能性。因为这是可能的，它们才能保有偶然的态度。这些都是理论上的决定。这些和事实都是下游所必需的。但是，我们应该对它们的偶然性持开放态度，然后我们将能够回到一种不断自我改造的可能性的令人振奋的因素，朝着使它们产生效果的方向发展。

多元主义与效果的正当性联系在一起，这是因为不同逻辑的隐含维度被揭示出来，并在相互竞争的逻辑中逐渐形成。然而，当你必须在两者之间做出选择时，这些又略显不足。我们还需要一个额外的推动力。

4.5 ｜ 人权：一种持续的政策

或许可以在不同种类的人权中找一个瓜分偶然性的例子。在这里，我们想支持这样一个论点，即这些权利可以被视为进入一个已定义的逻辑或位于逻辑学的上游。在后一种情况下，它们是对定义上下文中的有效逻辑的间接修复。但在前一种情况下，它们是稳定逻辑的动力，例如，我们在沃尔泽理论中看到的那种通过定义再分配来展开的逻辑。因此，这些逻辑试图更精确地限定它们的范围，同时又被隐形的偶然性游戏驱逐或抛弃。如果这些权利是在稳定逻辑范围内审议的，类似于身份，它们将受到事实上的协商一致意见的影响（在具有相同身份的人之间）；这种共识很可能是权力斗争、偏见、奉承和讨价还价的结果。因此，他们会假定行动的动机是非自由的，或者至少他们会对自己的自由漠不关心。

自相矛盾的是，将人权建立在协商一致的条件之上似乎破坏了其合法性。但是，如果权利和逻辑之间的这种关系在某种意义上是不可避免的，如果我们总是能够努力提高讨论的公平性，我们想在这里强调一下作为偶然性瓜分的权利。正如我们在这里所研究的，这些是强加在工作进程上的上游条件，它为所有人打开并保持了更广泛的可能性，从效率（自由主义强调所有权和自由）到一致的价值观，所有这些都试图禁止带有威胁的可能性、某些偏离（反人类罪），并为此去考量变异和创新。

在这里我们无法充分处理人权的合法性问题以及人权是否有能力抵抗时间带来的不公正。但是，我们还是必须要说上几句，因为这涉及一个一般性的问题。

怎能不相信"欲望神奇地转化为法律的花言巧语"[TER 07]？人们常说，这种立场背后的个人主义只会增加社会原子化的威胁，即每个人都会因与其他人的欲望相异而放弃自己的欲望。与这种分离联系在一起的琐碎的需求，在这种分离中，每个人都不考虑共同生活的条件而自娱自乐。这是出于一种激进的主观主义，它不知道有效的合法性（责任）该是个什么样子。

此外，根除通常诉诸"自然"为人权辩护。人从出生起就被赋予某些不可剥夺的权利。这种观念，部分植根于基督教的人格主义，倾向于使其绝对化，独立于语境。但是，这很难与需要定义的新权利的激增以及人权宪章和条约巨大的示范效应相适应。

也许为这些权利寻找一个基础是错误的，因为这将把它们视为定义可拓展逻辑。然而，这是不可能的，因为如果它们具有后者的抽象性质，它们首先指的是比物质生产力和财富发展更为重要的利益。那么它们定义了稳定逻辑吗？并没有。因为它们的目标是消除后者（权力平衡）的潜在影响，而不是让它成为它们的动机。我们认为，人权是对有效逻辑的这种自我对抗隐藏性的矫正。目的是确保其情境性特征的合法性。在缺乏这种合法性的情况下，一种逻辑即便有效也总是会受到质疑。

让我们一方面考虑公民权利和政治权利，另一方面考虑经济、社会和群体权利之间的区别。前者也被称为权利—自由，确保个人免受国家权力的侵害。在革命者的意识里，他们反对特权的减除方面（人民的利益被认为是在他们扣除了神职人员和贵族的利益之后仍然存在的东西）。它们肯定国家面前人人平等，也保护个人自由领域不受国家侵犯。功率稳定的逻辑引入了对其自身作用的修正。它通过不侵犯个人自由来限制自己。

权利债务是不同的［FER 07c］。这些要求国家更多地参与社会领域，而不是限制国家。它们要求纠正目前出现的明显不平等现象，即在面对资本的扩张逻辑时保护最贫穷的人。它的支持者以一种逻辑对抗另一种逻辑，但总是从国家权力出发，实现了福利国家的出现。因此，这是国家稳定逻辑对经济逻辑偏差的修正。我们注意到，限制的总是国家，或者至少是法律程序。作为稳定逻辑，它们提供了唯一可以限制和限制其他逻辑的主体。如果让经济逻辑自行发挥作用，它只能被进一步运用（如果一个公司采用它自己的规则体系，它就包含了稳定的原则）。人权作为纠正手段，被置于稳定的法律逻辑之中，而自身不能被还原为一种逻辑。

少数群体所主张的权利依赖于这样一种论点：人通过与文化传统和与他共同承担这一义务的成员的联系而完全成为自己。因此，他们反对自由主义传统，他们认为个人主义是危险的，因为它导致社会原子化。在不深入讨论争议细节［TAY 94，MES 99］的情况下，为了继续关注目前的工作，我们只想建议，对于国家来说，承认特定群体的权利所带来的风险是进一步加强了身份认定的逻辑，而没有进行有效的逻辑纠偏。这些权利，因此成为一种效率逻辑，反过来要求被包含其中。但是，由于纠正措施只能来自国家，它的引入将使人们质疑国家本身授予集团以权利。

然而，这仍然不失为一个解决方案，它将赋予文化权利，而不是给团体，而是给坚持文化权利的个人。这不是一个"集体权利"的问题。每个人，"孤独而又共同"［MEY 97］，因此有权利看到他们的文化受到尊重以及有权利令它在人类共同遗产中发挥作用。因此，身份的逻辑将不会被涉及，但重点将是分享，每个人都能够声称他的文化的具体成就，在不同传统之间必须建立的对话中提高自己的声音。

身份权利的延伸可能导致身份权利地位的转变，使身份权利具有有效的逻辑性。但是，即使这些权利仍然依附于个人，它们也面临着无效和矛盾的双重危险。如果我们考虑已列出的各种不同的权利，似乎对其中少数权利的严格尊重才能使我们生活在一个没有不公正的世界中。人权的多元化是在更广泛或更狭隘地不尊重以前所说的那些人的背景下发生的。然而，在允许不遵守的背景下，很难理解如何建立一种与权利有关的更具体的、因而便更难以适用的遵守方式。

此外，这些权利的文本来源的多元化也带来了它们之间矛盾的威胁。法官的解释应适用于同一个词却可能有不同含义的法律文本，若干既定权利已被证明具有潜在的不可调和性［TER 07］。关于人权的立法上的膨胀只引发了法律文本总量上的膨胀，而要继续发挥其纠偏，则必须适应法律后续的不断变化。

因此，权利的多元化提供了一种渐进的适应正在加速变化的世界的能力。面对扩展逻辑和稳定逻辑的过度发展，试图寻找相关的基准（benchmarks）。必须强调的是：在可预测的偏差情况下，它们与几个有效的逻辑有关。作为对古代制度过度的回应，国家逻辑暗藏着对自身的修正。在资本主义的胜利定义的新背景下，它使后者更加复杂。最后，它现在看到自己被迫在一个充斥着身份要求的世界中寻找解决方案，这有时具有不可否认的合法性。

在所有这三种情况下，人权不需要（根据人性、尊严、需要、愿望等）合法化。相反，每次都是它们在具体情境中对有效的逻辑进行辩护或谴责。它们是检测威胁偏差的客观标志。无论立法机关是否这么认为，这都是它们行动的隐秘轨迹。这使得它们能够逐渐出现和分化。但是，它们的合法性（这并不意味着它们的基础）必须在上游受到审查。

个体之间由于某种特定逻辑的片面发展而产生的机会差异，直接威胁着行为人的诚信。这样就存在着一种风险，即双方都将自私地通过傲慢或怨恨退缩到自己的决定中，从而引发危机。人权是真诚的象征，它防止了人们的彻底遗忘。

什么东西失去了真诚而无法挽回？首先，一种联系，一种平衡的感觉，即我们应该像对待别人一样对待他们（而且，更进一步地说，我们必须为他们做比我们所期望的更多的事情）；其次，在逻辑层面上，不仅是对所有与琐事或根除有关的事情的彻底不信任，而且是通过关注那些工作中的各种决定都是有意义的；最后，是对偶然性持自信的开放态度。这些方面凝结了我们试图确定的效率和效果之间的联系。

真诚是普遍存在的，在某种意义上说，我们不能完全摆脱它，至少对我们自己来说是这样，而且由于培养真诚是一项无穷无尽的任务，这种情况极为罕见。诚然，它常常被遗忘、模糊和隐藏在内在。高效的逻辑在这种埋葬中发挥作用，不断提高效率。寻求纠正以避免危机的人权是真诚的象征。他们的领域是意志。它们位于人的意志之上，人的意志声称自己有追求它认为有效的对象的自由。然而，在这一意志的基础上建立权利，声称这是自然的，将会自满。意志什么都想要。只有真诚的意志才能成为一种权利。它拒绝在一种总是要求得到更多令它满意的东西的欲望面前逃走；它不愿意独自作出一劳永逸的决定 [①]。

从根本上讲，人权是与一种独立于真诚之外的意志相联系的（无论有无真诚）。但是，在效果上，它们是一种真诚要求的杠杆，没有真诚，它将被不同的利益集团完全压制。它们在不同利益之间引入了一个间隙（gap），从而实现了相互尊重。这些情境中的权利和在一国之内产生效果的意愿，能够充分表达这种真诚的要求。

它们这种纯粹的关系性结构 [②]，作为对支配逻辑的修正，是根据当下情境的要求，采用一种逻辑对抗另一种逻辑，回想起来，这就绝对禁止我们进行决策时去虑及真诚，所以，其实正是通过你和我，才促成了效率的有效发挥。

让我们试图明确界定其中的内涵：我们权利的合法性不是来自于一种本体论假设，而是一种意志的决定。后者可以分为三个主题：个体、主体和人 [③]。其中的每个主题都会被另外两个术语牵拉而产生的双重张力所表征，这种张力关系维系着一种可以声称是正确的决定。

"个体"既是一个可数的存在，是社会的基本原子，又是一个完整的、不可分割的存在，具有孤立的意义。是其自由的决心

---

① 人权是有道理的，因为人不可能固定在一个单一的决策之下，而是有自由使他可以有新的决定［FER 07c］。但同样，这种自由不能是肆意任性的，或者"仅仅"将它用于实践中用于狭隘的自私利益。

② 因此，人权的合法性并不以人类的特殊性为基础。 最终，它不是人类学而是一种可能性的维度，每个人都应该从时间的主导知识中寻找（今天从科学提供的各种复杂条件中）。 这种要求必须是形而上学的维度的呼吁，有望与这些权利的合法性和公开形而上学，甚至神学上的敌对言论相抗衡。

③ 阿兰·苏皮奥特（Alain Supiot），想知道谁是人权的接受者，他在［SUP 05］中探讨了这个三重轨道。我们试图揭示内在逻辑的作用。

（determination to be free）使这两个方面联系在一起的。尽管进入社会确实是对孤立倾向的否定，但是这样做最终其实还是为了满足它自身的需要和追求它自己的利益。

"主体"既是受法律支配并能够遵守法律的主体，但同时又是能够界定出自己的法律的主体。这两个方面通过其负责任的决心（determination to be responsible）而连接。通过这一点，它可以参与到所要遵循的法律发展进程中，并理解其适用范围包括所有人，同时也包括自己。

"人"具有肉体和精神的双重属性。它再现了基督①的二元性，并因此被提升了上帝形象（Imago Dei）的尊严。这种尊严使这两种情况都成为现实。

在这种情况下，自由是个人意志的表达，是追求个人利益的能力；在更高层次上，责任显示出一种意愿，即能够接受它所帮助形成的法律是适用于所有人的，而且无法回避；而尊严，本质上是宗教性的（虽然现在已经被广泛世俗化了），则包含了创造其他意志的神圣意志，希望能像它自己一样自由地去认识他（Him）。

在这三种情况下，意志自由是必不可少的。但是，只有当它不是肆意的，它才能使我们承认它是权利的持有者这一事实合法化。个人追求利益的自由可以被理解为最肆无忌惮地追求快乐而不顾他人。但是，这种说法不能作为权利的持有人提出来。要做到这一点，它必须在遵守某些规则的情况下寻求自己的利益，而这些规则对所有人都是一样的。每个人都必须承担的责任，正是

---

① 这一方面见证了这些权利的出现，但并不意味着排除那些不是基督徒的人。这意味着关于人作为权利持有者的非排他性协议。

它赋予了人们权利，因为它意味着一种努力，一种自我控制以及要接受对自己行为的限制从而顾及他人。上帝之子的尊严最终会在人的意志试图与造物主的意志相一致的情况下去赋予权利。

但是，不肆意的意志，并因此开始承认个人、主体和人的权利，才是不偏离的意志。这是一种不偏离可行性的可能性。从这个意义上说，人权是一项持续的政策。合法的权利与其说是某一特定决定下的意志，不如说是在这一决定下的意志不偏离可能性的事实。一种要求自己严格遵守对他人应有尊重的意志是不能被误导的。

从个人、主体和人的角度分析，意志只有在它拥有两个相互冲突的时刻时，才能通过相互抵消使其权利主张合法化。在每一步，真诚都是这一双重决心的上游，其重点是通过强调我们的工作与伦理神经分布的单纯一致性，从而使这些权利合法化。这里的每一步都是独立于意志达成的。我们重申，这并不是否定或取消意志，而是以意志存在的形式来替代它，并且提醒我们这才是人权作为一种象征却可以保护我们的原因。

人权为每个人提供了必要的空间，使他们能够在自己的亲密关系之外还能认可他人。只有在人们强烈预期会有侵略和潜在损害的地方留出一些空间（以便克服恐惧和挫折），他们才能做到这一点。助长这种恐惧和挫败感的分离会消散，并揭示出在真诚的状态下，我们已经开放了与另一个人之间关系，并且已经深陷其中。开放的可能性令我们也能向其他人开放。只有自由地思考真诚，才能充分认识他人。然而，做到这一点，并不是把我们和可能性分开，而是把我们和可能性联系起来。只有对这些权利的技术性理解，只看到一套确定的条件，才能将人权分离开，不要忘了只有在这些条件之间出现可能性的情况下，这些权利才是有效的。

由于失去了真诚，与可行性相关的理解同时使得意志与伦理神经分布频繁的背离以及对这些权利的事实性侵犯也变得容易理解了。就个人行为而言，它表现为各种形式的冒犯和犯罪。但是，我们在这里感兴趣的是，它对人类行动的效率逻辑意味着什么，因为这种效率逻辑导致了与其中一方的单边行动有关的系统性不公正。

然而，在这些逻辑中，可能导致系统性不公正的正是那些用来进行研究和创新的逻辑。根据法律逻辑，人权是可以就此施加限制的。这必须通过扩张逻辑和稳定逻辑之间的补偿和平衡过程加以理解。然而，在这样做的时候，属于逻辑层次的权利就会要求实现这一目标的逻辑受到同样的限制。它们必须在一般条件下保持自反性，而这些条件是由意志备置于过程上游的，发生于在具体情境中受到约束之前。为了避免逻辑学失去与伦理神经分布的关系，它们采用了一种"偶然性分割"的形式。

4.6 | 消极自由还是积极自由

消极自由（被理解为一个我们可以在不受他人干扰的情况下追求自己目标的空间的界限）和积极自由（被视为公共空间中的行动，围绕共同价值表达共同生活）之间的主要对立［BER 69、BER 88、CON 97］，可以根据上述情况加以审查。在逻辑上，首先，消极自由站在稳定逻辑的一边，扩展了一个确定的正义问题，即不分离代理人的限制问题。因此，它受到权力、偏见、奉承和讨价还价的潜在平衡的威胁。它可以被恢复，并为自私的欲望和一时兴起的小事服务。积极自由主要表现为一种扩张逻辑。因此，威胁它的撕裂是抽象的（减少的）撕裂，但形式是特定的：意识形态的撕裂。它可以将既定价值观置于高于对他人尊重的地位。人们很容易忘记"杀人不是为了捍卫教义，而只是杀人"（用塞巴斯蒂安·卡斯泰利奥的话说）。

现在让我们思考，不是从逻辑上，而是从权利上，消极和积极的自由变成了对称的矫正，可以在避免偏离琐碎和根除的情况下实现再平衡。显然，它们是我们试图澄清的上游决定的下游规范：自由是对伦理神经分布的真诚开放。这使我们能够在上下文中实现一个充分的善的概念，并尽一切努力实现它，远离琐碎和无意义，在一个有效的可能性整体中，行动的技术条件是由上游的伦理条件定义的。由此，可以得出经济、社会和心理决定之间的联系，回归它们的可能性。伦理要求完成了通往有效条件的这段距离，并允许它继续下去，带来了条件之间的可能性，而没有了人为赋予的连续性，因为这样做会遮蔽掉其间的逻辑跳跃。

消极自由有助于阻止他人的介入以及我们将这一伦理决策付诸实践；积极自由则能立即将我们与其他人联系起来。多亏了它们，我们才能够自己界定这种决策。两者都依赖于自由—真诚（freedom-sincerity），而不是相应地偏离自私的琐碎或公然开战式的根除。

但是，这种自由立即以一种二元性的形式呈现出来，从而扰乱了它的连贯性，而这并不是偶然的。它 ① 应该根据各种可能性构成的整体性的折射。在这些可能性中，它的每一个特征都是在相对另一个的对立位置上被单方面清除和发展的，这样它就在词语交换中被创造出来，并被用于人际关系中。

这种词语上的交换、传播和讨论，并不仅仅是认真公正地听取他人意见的要素，它们也具有攻击性。它们被要求运用自由概念中的整体性，在每一步都引入偏好、偏袒和偏见，因此，标志着它的可能性在逐渐枯竭，并在具体情境的必要性下逐渐僵化。

这种对条件的对立情绪表现为（总是处于边缘的）思想向统计平均值，向那种大多数的、技术性的刻板用法转移。然而，每个阶段的发明都将逐渐地丧失并受到限制。在这种限制中，空间逐渐被赋予一种日益增长的决心，这种决心涉及对已经给定（现成的）和熟悉的条件采取立场的必要性。

然而，针对条件的讨论和创造只有在与另一方建立真诚、有效与和平的关系（在可能性的要素中）之下才有意义。因为只有在这种关系中，它才能传承传统，并在无意中谋求恢复自由。

4.7 ｜ 零星散布的一些范畴

4.7.1 避免地方主义

这个阶段会出现两个问题。首先，提出的分析是否过于依赖狭隘的、以欧洲为中心的视角？那么，这种地方主义，如果有的

---

① 这并不意味着我们将失去某种起源，也不意味着某个术语是绝对确定的，而是指出了一种可能性的维度，在这种可能性下，下游情境中的博弈可以通过伦理神经分布得到重新激发。

话，是不是加强了一个没有名称的帝国主义呢？它难道不隐藏着那些企图以法律和文化的主观性来加强其统治的人的玩世不恭的诡计吗？这当然不是一个可以轻视的反对意见，特别是如果我们充分衡量第二个正义问题中的隐含内容。在一个不平等的世界中滥用权力当然不是例外，南北关系的不对称造成了无法估量的痛苦和挫折。如果一本书不能指望克服这些困难，至少可以期望它不会赞同这种客观的支配地位。

我们必须找到一个测试，使我们能够评估这种方法的普遍性程度。这一测试的参考可以在文化视野中寻找，因为从知识与实际应用之间的千丝万缕的联系看，效率问题的确是一个核心问题①，而中国儒学恰好提供了这样一个视野。在现实中，我们希望转向儒家潮流史上的一个特定时刻：王夫之（1619—1692）。为什么是17世纪，为什么是他？因为他的出现标志了使儒家思想重新处于文化中心的承诺，以及对道教和佛教的拒绝，他指责道教和佛教过于注重内省，而以牺牲行动为代价。此外，我们还在他身上发现了一种可以唤起"伦理神经分布"的概念，这也是这项工作的核心。但是，在详细阐述这一点之前，还是需要做一些澄清。

4.7.2 其他与复杂性：中国的例子

我们必须强调，这不是两种永恒本质（欧洲和中国）面对面地保持不动的问题，也不是将后者指定为一个巨大的其他（the big Other）的问题（因为显然其他应该是复数性的，但中国自身就已经非常多样化了）。和欧洲一样，中国也自有其历史。它曾

---

① 除此之外还可参见［JUL 04］。

被多重逆流所洗礼。当然，它有它的特殊性，但研究这些特殊性并不意味着就可以消融这种"异域感"、统一视野，或消除随之而来的无论正面还是负面的种种偏见。

此外，民族中心主义永远不会是"良善的（benign）"①。如果我们在讨论另一个视野时对隐含的预设不能保持足够的警觉，不能保持一种单纯的局外的姿态，表达出的文本就会格外凸显二者间的隔阂和各自领域的收敛。事实上，这种会面最迟在 13 世纪就已经开始了。此外，有才华的翻译家们正在努力使语言变得更加宽厚，以使之适应遥远思想的复杂性。像弗朗索瓦·于连（François Jullien）这样的人为此贡献良多。我们通常用某一种语言思考，但是这种语言在进化和塑造着自身，同时也在翻译和比较过程中调试着自己。同样，我们是在一种由历史、社会环境、各方利益和身份所界定的环境中思考的。让我们简单谈谈王夫之写作的背景环境吧②。

王夫之痛苦地经历了明朝的崩溃和 1644 年满族的政权夺取。多年混乱的统治局面和帝国的败落激发王夫之写出了充满敌意的作品，也激发了他对新势力的好斗态度。有人也将他视为中国民族主义之父。当然，在清代，他的作品是受到查禁的。在很长一段时间里，它们只能私下传播。他的一个思想动力是要探究明代衰落的原因。他认为他不仅在道教和佛教倡导的冥想和内省趋势中找到了原因，而且在宋代（960—1279）的儒家复兴中也发现了它们。在他看来，这一思潮的主要代表程氏兄弟和朱熹

---

① 理查德·罗蒂的"良性民族中心主义"。另见 [CHE 07]。
② 除了雅克·格内特的书 [GER 05]（将进一步讨论）外，我们还参考了程艾兰（Anne Cheng）的经典著作 [CHE 97]。

（1130—1200）的思想路线，他们本来就想反对道教和佛教，结果却反受其影响。王夫之指出，这种影响的主要方面是一种不为人知的、抽象的、脱离理性现实的原则，这种原则代表着对人类情感[1]的压制。王夫之致力于思考真正起作用的可以实现原则与活力互补的关系，但是否认这一原则本身有任何断裂。

我们希望研究某些特定段落，以了解王夫之提出的一些概念是如何与我们的一些范畴产生共鸣的，尤其是"伦理神经分布"方面。

4.7.3 一些具有影响力的中国观念

本章的目的不是引进一些中国范畴或输出我们的一些范畴，而是要为这两种传统的相互转化提供一个参照点。它旨在就前面展现的内容［关于由一种既定情境中的上游位置所开启的总体（totalities）的再定义］提供一种秩序语境下（因此不是逻辑）的解释，同时还打算着重凸显一种与来自非常不同背景中的某些洞见之间存在的紧密关系。

我们将简略地揭示王夫之关于中国传统的某些传统观念是如何表达出来的，主要与他的"条理（principle of ramification）"［可以简单地翻译为"有序（orderliness）"］观念有关。他将这一观念既置于生物学层面，也置于社会生活和历史层面。亦即，对他来说，世间存在着某种会起作用的原理（理）[2]，会令物（beings）及其关系自发地稳固下来，形成结构或者组织成型。这一原则同能

---

① 它把文人采用这一单独的原则和通过它惩罚人民的欲望、压制抗议的规则强加权力之间的联系［GER 05］。

② 这样的话，剧本要么会回到玉石的纹理上，要么回到土地的分割上。

量（energy）（气）^①共同形成物（beings）。气，或多或少是致密的或微妙的，并且不断地变化，在一个暂时的凝聚状态下（即使最微妙的无形之气存在于可见之中）生产出物（beings）。与以朱熹为代表的形成于宋代的新儒学（neo-Confucianism）相比，王夫之的独创之处在于他坚持理与气的不可分割。没有气，理就不能行使其组织权力；没有理，气也不会产生任何东西，而且会表现为一种混乱的运动。因此，没有什么理是与感性相分离的。但是，理却不能为感官（senses）所把握。它只能通过物（being）及其关系所显示的纹理间接地可见［GER 05］^②。

在以下摘录中，显示了王氏思想的四个关键术语［GER 05］：

理（Li）和**气（qi）**不能被分离……不论**道（dao）**是否统治着世界，在这两种情况下没有不受管辖的气，而气可以创造一种相应的**势（force）**。

这一段是对孟子（约公元前 372—公元前 289）的一段文本所作的讨论，在这篇文章中，孟子根据力量（弱小服从强大）的大小来区分道德品行的次序（智力越低，德性越差者越受制于更智者与更德者）。孟子是伟大的伦理思想家和人性善的辩护者，他认为，在这两种情况下都有一种秩序，一种天（Heaven）所要的秩序。

在引文中，我们看到道德品性的秩序被称为**道**。需要指出

---

① 阴、阳之气，轮流转化为太虚，但依然保持可分性，进入由理协调下的凝结态并生出物，然而它们依然继续被不可见的、微妙的气所交叠。
② 这本书有着丰富的中文引文和翻译等优点。我们参考的是雅克·格内特的译文。

的是，这个词有明显的多义性，有时意为"方法（Way）"或"道路（way）"和"路径（path）"，或者从口语意义上有"走（walk）"的意思，甚至是表示"说"的意思。因此，该文本说，即使以势为基础的秩序，人们也不能说这不是一种"秩序"，它甚至是对行为者施加这种秩序的必要性的一种证明。**势（shi）** 的概念，这里弗朗索瓦·于连奉献了一项漂亮的研究（[JUL 96]），指的是王夫之认为的一种必要的倾向性，一种主导趋势，特别是一种从一个秩序、一个组织一旦建立而产生的趋势。因此，一种秩序会诱发智者可资利用的某种倾向。从这个意义上说，它是"时（opportune time）"的空间之摆（the spatial pendant）。

战略地讲，这种趋势必须能够在上游，当它还脆弱的时候，将其抓住。然而，在王夫之的思想中，在《大论》（Great Treatise）关于《易经》[CHI 97] 对 **道（dao）** 的论述中，"上游"（上）和"下游"（下）都发生了什么呢？后者（被理解为宇宙的运行模式）属于形而上（xing'ershang）（可见之形的上游），而气属形而下（xing'erxia）（可见之形的下游）[GER 05]。但是，对于王夫之来说，上、下游之间，可见与不可见之间并不是割裂的。当然，这并不意味着一方会被还原为另一方，或成为另一方的附庸。有形和无形，气和理，在其互补中互动，片刻不停，而这就是道。但是，如果后者被理解为宇宙运行模式的一部分，那么它的伦理维度又是如何被保留的呢？或者可以问，在这个由理和气相互作用来定义的条理内部，我们如何识别什么是伦理的，什么不是？

（我们可能有的）唯一的论点是关于"天的秩序之理"（天理）和"人类的欲望"（人欲）所涉及的公益（common good）和私

利（private interest），真诚［诚（cheng）］或虚伪（falsity）。人类所有的活动、战争、农业、仪式、音乐，都可能属于天意或人类欲望的范畴［GER 05］。

王夫之总的来说是要反对佛教的灭人欲意志的，但他同时也批评了过度。术语"人类欲望（human desires）"（人欲）在这里的意思是"过度的欲望"，它可以给"天之理（heavenly principle）"（天理）一种类似于道的意味，其宇宙的外观与其伦理维度是调和的。注意，这是以"诚意（sincerity）"或"真实性（authenticity）"［诚（cheng）］这一本质概念为基础的。这使我们能够根据人类行为（战争、农业等）的真诚程度来判断它。但是，这真诚是一种宇宙维度："天堂全然是精神的（spirit）（神），全然自发的组织力量（理），全然的真实性（authenticity）（诚）"［GER 05］。

诚是理解作用过程的必要条件，包括根据《易经》从蓍草中占卜［GER 05］。但是，抽签并不是为了消除偶然性。相反，诚需要穿透它最小的曲折。它必须为恒常与随机留出空间。如此，它即可理解工作效率。

在本节中出现的术语可能误导性地令人联想到我们前面介绍的一些范畴：伦理神经分布（条理），倾向（势），生存能力（道）上游和下游（上／下）以及真诚（诚）。让我们看看为什么这种同化会如此迅速。

4.7.4 主要差异

这些范畴的运作方式与一个秩序体系（传统社会）和一个逻辑计划大不相同。

"可能性"的核心范畴必须被理解为在语境中开启的具体的机会和理论条件允许表达的可能性之间的连续过程。理论化、研究和创新总是在特定的环境中进行，并对特定的情境作出反应。这些情境（以及与它们不可分割的语境）必须在上游被理解，这意味着对施加了约束的具体化的情境要保持有效距离 ①，但并不意味着，我们重申，存在着本体上的分裂。因此，这与理—气相互作用的原理是相似的。但是，后者需要从《易经》卦学中抓取意义。它表明一种自发的监管必然会发生。此外，当然，对王来说，并不存在多元之理。

　　过程性必须首先被解决，它是逻辑折射的展开，这在一种秩序的视域中是没有意义的。这种非层级的部署在向效率推进中可能会使逻辑偏离早期的伦理神经分布。我们知道阴的出现最终会被阳的出现所平衡。在这样一个由微妙的平衡所构成的和气过程中，特别要注意到自恰逻辑的存在，因为这些逻辑总能在其多元性中被部署得更远。因此，不能期待一种自动的平衡恢复过程。

---

① 可以参见我们在第一本书中提出的"在正确距离内视—触（see-touch）"。当时的挑战在于在东西方遇到真理概念时，如何能够"抓住形而上学本质，超越形而上学结构，恢复形而上学功能"[LEN 12]。尽管书中有许多错误，年轻冲动，涉及谱系太过宽广，但除了本书采用的方式外，这本书所面临的挑战似乎并不缺乏相关性。

自从我接触道教和佛教以来，有两种说法与此有关。将一条件置于上游也是道家的一种"无为"，区别在于紧随道而来的伦理性（与老子和庄子对儒家价值观的取消相反，这些价值观只有在下降已经很顺利的时候才会出现）[LEV 06]。

如果我们考虑大乘一脉，龙树（Nagarjuna）使得"缘起"（pratitya-samutpada）成为理解万物（因此也包括自我）永恒的内在矛盾和相互依存的源泉。考虑到一种知识（业力补偿）的基础，常被认作传统，它会达到最终的超脱 [NAG 02]。在认识到存在多种具体的不公正现象后，现在有一种认识，即惯例并不具有道德上的等同。真诚是对伦理无关情境（可能带来偏见的条件）的超脱。

由所有可能性构成的倾向并不意味着必然的约束。相反，它在理论和实践层面上提出了创造性的答案。只有在理论框架已经基本坍塌的下游，这种必要性才变得残酷起来，要求行动者们再次从已经成为惯例的环境中逆流而上。此外，总体是多种多样的，因为每一种总体都是由它根据其可能性假定的一组条件所定义的。因此，一个足够大的条件之圆环就定义了一个整体性，同时也并不排斥其他有效的整体性。

关于王夫之的"主导倾向（dominant trend）"（这种秩序可能符合道德，也可能是权力关系的结果，在这两种情况下都是合法的秩序）的说法，可能会使人对"条理"伦理或"衍生原则"产生怀疑。的确，这些观念难道不会导致一个人服从所有的命令，只是因为它已经安装好了吗？他们不是在任何命令被确认为合法后立即将其合法化吗？条理是一种分支，一种组织，它展示了一种无形的组织原理在发挥着作用，伦理神经分布表达了一种不断被重新发明的上游生存能力，在一个被决定因素日益饱和的环境中不可避免向下游流去，并再次发现这种流淌总是此时此地（hic et nunc=here and now）发生的。支配要真正符合伦理，就必须提供评价伦理状况的标准。很明显，在逻辑上，偏离伦理神经分布不仅是可能的，而且是经常的。

"琐碎"和"根除"的标准提供了对称术语的对偶性，这些术语必须保持一定的距离，在这个过程导致另一个过程时向一边拉，反之亦然。与此同时，王夫之将注意力集中在互补的二重性上，这种二重性不能独立运作，而是共同作用，一个在对方内部，一个在对方对立面，一个与对方比肩，如此产生万物（all beings）。

最后，"真诚（sincerity）"意味着与我们通常所经历的约束条件（由于这些约束条件变得很常见而造成的约束）保持距离。这些条件包括经济的、社会的、心理的，等等。真诚是对他人的一种考虑，这种考虑使一个人能够建立这种距离，反过来又使另一个人能够与处境保持这种良好的距离。远距离审议的诚意来自于对在有效进程的每一刻起作用的偶然性的深刻理解。但是，我们也发现，在王夫之身上，有一种真诚与对偶然性的正确欣赏之间的亲和力。他的"真诚"与我们试图识别的"自由—真诚"之间的区别就在于此。

4.7.5　为了一次更有效率的邂逅

与王夫之之间的巨大差异体现在，他始终没有提出明确的自由的概念。如果伦理神经分布相对于有效逻辑而言是一种可获得的自由，比如可以通过拉开一定距离从而对这些逻辑进行一番深思熟虑的影响；如果人权是以一种非逻辑的方式与逻辑的片面效率带来的系统的不公正进行的对抗；如果包含权力关系的自由讨论对于帷幕的垂落是必要的，同时对大家适应与偶然性相关的真理内容也是必要的，那么诚（sincerity）可能成为一种（引自中国历史的）内部资源，它有助于实现一种自由的思考，这种自由可以最好地转化为现实，也可以进行涉及利益相关者的讨论，而无须虚伪，也不需要所谓"独特的思想"，这将是缓解中国增长带来的巨大的逻辑约束的一种可能方法。相应地，在西方，人们可能会过于重视讨论（审议性民主或参与性民主），这无疑是一种重要资源，但它需要对工作过程的彻底了解来完成，诉诸诚也可以使这种情况得到缓和。

因此，我们试图指明一种探索方向，一种在秩序语境下的起效的有效过程，以获得一种偏离中心的标准和比较。王夫之收集了宋代理学的主要传统和道教、佛教的可以在上游产生影响的全部可能性。他通过在上游设置"气和理从来不可分"这样一个情境来做到这一点。没有什么原理是可以与可感知的东西分开的。这一条件并不比传统所提供的更为准确，它将从属于传统本身，但是他反而是打算通过利用一切资源去恢复对这一传统的正确理解。这个过程是通过注释完成的。同样，这个原则也是独一无二的。一种不是在多元思维背景下的思想。这种思想是独特的、集中的、和谐的。事实是，他凸显了一种真诚（sincerity），一种真实（authenticity），而这诚可以开启一种自由的思想。如果我们承认这一点，我们应该立即注意到，这种自由—真诚既是借由"通过"也是借由"反对"传统而获得的。这是在艰难的穿越过程中完成的。

但是，今天，我们面临着与自由意志相联系的逻辑学的泛滥，并且这正是社群主义者想要的以他们自己的方式回归到"他们"的传统。因而，只能"通过"而不能是"反对"这一传统，才能获取成就（自由—真诚）。这可能导致人们会以同样不分青红皂白的方式接受或拒绝某种封闭的传统。当然，自由意志会招致过度。但是，对此明智的反应应该是，如果我们想要避免对后者进行排他的和独断的回归，就必须十分谨慎地回到某一特定的传统，因为后者的过度行为不亚于自由意志的过度行为。

这是一个机会，让我们记起自由—真诚并不是某个意志之外的东西。这只是伦理神经分布视角下的一个负责任的假设而已。这种真诚假设必须加以节制。它当然可以追溯到某种传统及其所承载的价值观。但是，不应该在语境的评估中戴有色眼镜，因为它将因此失去所有真诚。这种对在秩序体制下构成的向传统的回归必须考虑到这样一个事实，即这些传统只有在今天才能透过逻辑棱镜而获得。例如，中国的学术机构已经对西方的"哲学""宗教""医学"等范畴[①]进行融合，传统内容已经无法在这一框架之外获得。但是，这带来了一种纯粹的逻辑偏见：批判性的探索，日益精确的定位要求，多元化的模式以及加速的变化。正是从那儿开始，这一过程必须重新获得和部署，帷幕必须降下。一个人不能既"反对"某种传统，同时又表明自己是"赞同"该传统的，即不能没有自我反省，这也是社群主义者面临的一种处境。这是在一种不可妥协的真诚状态下进行的，如我们在导论中声称的"自由动机"为基础的自由。真诚要求，我们与传统的关系应该为可以权衡、估计并且可以与之保持一定距离的动机所驱动，以便可以在语境中评估它们。**因此，要知道这些动机是否自由，并非与思想的效率无关。**

最后，让我们回顾一下，我们曾试图在王夫之所提出的概念和我们所提出的概念之间提出某些类比（并非等同）。这有助于防止可能因南北之间积累的沉重负担而引起的对欧洲中心主义甚至帝国主义的指责。

---

① 关于这里采用的提法的一个简短的更新参见［CHE 07］。

结论：暂时的句读

　　为了在结论部分不只是对本书内容做一个简化版的阐释，借由评估一些具体问题的成效来进行重述似乎更为合适。

　　在深入有效性问题时，我们可以问，逻辑的赋权和具体化（这保证了它们的效率）过程是如何影响获得效果的途径并使它们最初成为可能的。

结论 1　问题 1

　　危险是显而易见的，我们已经能够解释为什么有效逻辑不论独立还是联合作用都可能产生不公正的后果。这可从上游的种种可能性和可行性上面来理解。逻辑通过在某种情况下处理可用的可能性或清除其他可能性来获得效率。在这里，"可能性"意味着人类行动的要素，它默默地围绕在我们周围，只待条件成熟就显现为现实。如此一来，它必须在上游掌握许多真实的可能性以及与行动者相关的数据。它允许不断地重新创造出下游可能性。在这样做的过程中，它不断地确保其在连续性范围内进行更新；通过它所带来的创造不断拓展开去，并保证其可行性，而逻辑便是在这个过程中获得发展。

　　然而，逻辑可能会忘记它们与可能性之间的关系因而忽略其存在。为了提高效率，逻辑常常被当作一组简单明确的条件，总是试图独自向前推进。因此，它们的展开相对于可能性所蕴含的可行性力量来说是有偏差的。通过对自身的赋权以及在其纯形式或者纯技术性的报告中只考虑可言明的条件，这使得逻辑忘记了使其产生出来并得以延续的可能性的存在。而这正是危机将至的时刻。

结论 2　问题 2

　　要警惕在逻辑追求它们效率的这种永不停息的过程中的获益，这种谨慎也是个体追求自身利益的一种自由。不断朝向自身的利益、所得或一致性伸展，这样的主体意志是自由的终极界限吗？如果这是一个不可忽视的要素，那么我们认为，它可能是从属于一种效果思维（如果把自由作为一种道德成就的话）的。这可以从伦理神经分布、诚以及琐碎—根除等范畴来理解。

　　在上游布置的可能的、可持续的可行性，不断地创造出可能性并将它们以已经决定的形式提供到下游，直到具体的个体，这就是伦理。它描绘了一种伦理神经分布的过程，需要专注于一种与可能性以及与之分享这些可能性的人之间的一种持续的，非强迫性的关系。它作为一种伦理成就而开启，从简单地转移了侧重点，从回应形式上的要求到关注那些蕴含于可能性之中并最终得以呈现出来的事实本身。这种关注有一个名字：诚。真诚地向这个不断被遗忘所威胁的维度敞开心扉，去安顿和感受自己的家，这是一项成就，它降低了对抽象的要求，并发现它们自身在日常生活中得到了实现。诚在与逻辑的两个极端的关系中挑战自己。根除是一种存在主义的立场，要么谋求消失，要么干脆向它所拒绝的太平凡的东西屈服；而琐碎则公开嘲笑那种因为需要高尚即从自身寻出一些来的那种行为。它否定这种对崇高的提升，这种提升正是根除所不屑的那种对内在屈从的软弱。诚也对这两种过度行为持谨慎态度，并倾向于每一次都会根据语境将它们清除掉。它引导行动者去质疑他们是如何参与一个理论的特定发展的，其基础是明确的理据（及其内涵）以及可预见的（有意或无意的）后果。

每当行动者真诚地避免这两个极端，无论是对自己还是对他人来说，自由便都是有效的。如果他被置于伦理神经分布可能的可行性之中，他是能够做到这一点的。这不是心理意义的，也不是社会学意义的。它也不只是人类学维度上的。这是一种意志上的自由，就其部分目标而言，是在可行和可持续的可能性过程中恢复而来的自由。我们认为能够圈定主体意志自由范围的伦理自由才是有效的。

结论 3　问题 3

自由不是通过自愿行动的动机获得的，而恰恰是通过反对它们。这种不顾一切地与它们保持一段连续的距离却将我们与它们联系起来。动机很可能是由意志以自由或非自由的方式去追求的，专注地倾听运作过程，或作为一种有条件的游戏。我们会问，在什么情况下，动机是自由的这一事实会影响到某种情境下逻辑的效率？这也是我们要具体说明的关于效率和效果之间关系的问题。后者可以被认为是一致的，而且是对效率逻辑产生积极影响的，从而最终形成它们的形式吗？答案可以从总体、减除和多元化等范畴中勾勒出来。

每个逻辑都定义了被定义的条件之间关系的配置。为了重新获得并完善这种关系的继承状态，它会一直上升，直到它在最好的情况下配置到一个新的条件。从这个条件出发，如果它为真，将在可能性中引发出一种倾向，从这开始下游的帷幕理论将创造性地下降，这将导致在其打开的空间中恢复先前的购置。这种倾向作为一个未确定的整体，其中每一个确定都是相对于其他相关条件来定位的，就像在一个下落的布料中，褶皱在每一种情况下都是相对的（它们是相对定义的，没有超出这个定义的东西）。我们不问这个帷幕是否会落在一个不可知的身体上。容易理解的是，布料是被随机而置的，在没有进一步外部参照的情况下自己确定了自己的褶皱。所探究的条件定义了行动者对状况的理解。同时，它们捕捉到了行动者所面临的制约因素以及该种情境下将要发挥作用的倾向性。如果真诚地倾听这种倾向，就可以对效率条件（以及它们之间的关系）进行有效的修正。

因此，倾听尤其依赖于两个强大的杠杆。减法意味着这样一个事实，即我们透过一种不可置疑的确定性去看一个给定的复杂的不确定的整体。我们只有在减除这一确定性之后，才能理解这个整体。例如，当我们拒绝超智（suprasensible）的概念，我们就回落到减除了它的明智（sensible）概念。当我们移除超感思想时，我们只从理智那里领悟到剩下的东西。但是，我们可以通过站在减除行为发生的上游，在任何减除发生之前，去与可能性发生关联。这种关系可以释放一个新的整体性，一种新的倾向，它本身将被部署在一个越来越精确的多个下游确定性当中。

一种新情况的出现导致了多元化的探索，下游各种次级道路的产生（因此也与支配相关）。罗尔斯关于权利优先于善的主张引起了连锁反应，出现了桑德尔（Sandel）、麦金泰尔（MacIntyre）和沃尔泽（Walzer），接着又引出了德沃金（Dworkin）以及海森义（Harsanyi）。在这些连续的批判性调用中，这一条件（如果问它是否真的是"新的"，或者它是否从一开始就解释了自由主义的内部要求，那将是徒劳无益的。无论如何，在这方面，它的立场是决定性的）被拒绝（其后果和限制已更新）、修改、修正、抵触并纳入到对正义的质疑当中，而这将大大有助于更新。因此，相互适应并相互重新定义。所有那些能够真诚地倾听这种倾向的人都能充分利用这一可能性谱系。

结论 4　问题 4（概括）

逻辑的不公平偏离（unfair diversion）、效果的一致性（consistency）及其执行，此三要素汇成一个问题：我们如何看待这样一个进程，它可行但不符合逻辑？在某种程度上，一个逻辑，就其自身而言，只能调度自身，尤其是当它被其他的不稳定因素所推动时；连续性一定不是在这个或那个特定的逻辑中获得的，而只能是在各个逻辑"之间"获得，在它们想要逃离的环境（更恰当地说，应该是"要素"）那儿才会出现连续性。与真诚地关注不同有效逻辑之间的关系时抓到某个逻辑的情况相比，处于同一个逻辑之下的状态，其连续性会更好。在这里，我们必须澄清偏差的不公正属性。

如果我们接受扩张逻辑和稳定逻辑之间的区别，那么当每一种逻辑被推到过度时，不仅会产生不公正的结果，而且还会导致在同一类型的各个逻辑中形成一个个具体的正义问题。扩张的逻辑往往涉及利益的获取，因而会产生利益分配的不均衡和不可比较性。在这些逻辑的同一框架中，其表述隐含着客观化假定这一外在控制，此时，正义问题便显现为公平分配的问题。稳定逻辑，主要是与同一性（identities）相关，会威胁到其他同一性逻辑的闭合，以至于引发衰退从而导致暴力。因此，正义问题及其与界定规则的具体力量的隐含性关系，是法律规定的一致性的界限，而这种界限并不是同时把它们彼此分开。

对抗任何一种逻辑的过度发展，都是通过一种对抗另一种来实现的。在人权领域发现了一种允许这一点的决定性工具。它们并不构成一种逻辑，而是为另一种逻辑的有效限制提供了参考点。它们使我们能够通过关注事实，对不同逻辑的状况提出客观的诊断，而这是因为它们得到了公众的支持，为自由开辟了安全的空间。然而，它们的哲学合法性不能仅仅建立在人类学的基础上（无论它虑及的是个体、主体还是人）。它需要将它们表现为诚的象征，否则可能会被完全遗忘。它们开辟了空间，使每个人都能真诚地认识到，这种分离并不是与其他人分离，分离只是琐碎的嫉妒和恐惧所致。但是，我们要注意，根据一种简化的只会确认分离的人类学，反对琐碎意味着根除也被避免了，它是将所有权视为个人的自然财产。

人权的合法性为所有人开启了可能性，但不应掩盖这样一个事实，即每个具体的人都会把人权作为扩张逻辑和稳定逻辑的一部分。然而，它们与偶然事件之间的关系是确定的。前一种逻辑试图用一种外在的和还原的方法来控制它，而后一种逻辑则试图通过内在地引入规则来引导它。无论哪种情况，经过一定的发展阶段后，这种趋势都会引起强烈抵制，表现为我们想要提交的这一偶然性明显地失去了控制。

真诚（sincerity）要求态度上的改变：从表现出来的反抗中，它提出了一种自信的方法来应对偶然性，即敞开心扉迎接它，以及它所带来的承诺和丧失之痛。诚看到了这一点并接受了它，从这种接受中，它能够把我们从逻辑过度发展的破坏性影响中解救出来，这种破坏性影响是由对偶然性的不信任所驱动的。

结论 5　追求效力

这就将我们带回到结论部分最初提出的问题：如何才能使逻辑的具体化和赋权能力保障其效率，并且还能使其最初的有效性得以继续？

对效果的遗忘有助于逻辑追求其自身存续不断向前的目标获得成功。实现这些临时性目标的过程往往掩盖了最初追求的状态。只顾琐碎而罔顾根除。每个逻辑都成为收缩的闭环，并折叠为领域的一个部分，切断了与赋予它意义的伦理神经分布之间的关系。

这一讨论试图重申有效自由的要求，而这不是发生于行动逻辑的效率之前，而是通过它，并与它一道实现的。它要求进一步审查从效果到效率正向关系的不同模式。这种关系，我们称之为效力。对效力的追求是来自于这个危机中的世界的痛苦诉求。

我们已经表明了对效率逻辑进行伦理影响的可能性和方式，负责任的研究和创新问题因此获得了一个框架，人们可以在这个框架下加入进来，一起讨论或质疑用来确立其合法性的那些范畴和基准的界定。

参考文献

［ABA 00］ABATE B., *La nouvelle gestion publique*, L.G.D.J., Paris, 2000.

［AGA 00］AGAMBEN G., *Means Without End: Notes on Politics*, University of Minnesota Press, 2000.

［ARE 06a］ARENDT H., *Between Past and Future: Eight Exercises in Political Thought*, Penguin Books, London, 2006.

［ARE 06b］ARENDT H., "The crisis in culture", in *Between Past and Future: Eight Exercises in Political Thought*, Penguin Books, London, 2006.

［ARR 74］ARROW K., *Choix collectifs et préférences individuelles*, Calmann-Lévy, Paris, 1974.

［BAT 54］BATAILLE G., *L'Expérience intérieure*, Paris, Gallimard, 1954.

［BAR 89］BARRY B., *Theories of Justice*, vol. 1, Harvester-Wheatsheaf, London, Sydney, Tokyo, 1989.

［BER 11］BERGSON H., *Le possible et le réel*, PUF, Paris, 2011.

[BER 69] BERLIN I., *Four Essays on Liberty*, Oxford University Press, 1969.

[BER 88] BERLIN I., "Deux conceptions de la liberté", in *Eloge de la liberté*, Calmann-Lévy, Paris, 1988.

[BOS 96] BOSSERT W., Fleurbaey M., "Redistribution and compensation", *Social Choice and Welfare*, vol. 13, pp. 342–356, 1996.

[BOU 09] BOURDIEU P., *Sociology in Question*, Sage Publications, 2009.

[BOU 92] BOURDIEU P., WACQUANT L., *Réponses*, Le Seuil, Paris, 1992.

[CHA 11] CHAMBERS S., "Rhétorique et espace publique: la démocratie délibérative a-t-elle abandonné la démocratie de masse à son sort? ", *Raisons Politiques*, no. 42, pp. 15–47, 2011.

[CHE 97] CHENG A., *Histoire de la pensée chinoise*, Le Seuil, Paris, 1997.

[CHE 07] CHENG A., *La pensée en Chine aujourd'hui*, Gallimard, Folio Essais, Paris, 2007.

[CHI 97] CHING I., *The Classic of Changes*, translated by Edward Shaughnessy, New York, Ballantine Books, 1997.

[CLE 08] CLÉMENT V., LE CLAINCHE C., SERRA D., *Economie de la justice et de l'équité*, Economica, Paris, 2008.

[CON 97] CONSTANT B., "De la liberté des Anciens comparée à celle des modernes", in *Ecrits politiques*, Gallimard, Folio Essais, Paris, 1997.

[DEB 92] DEBORD G., *La société du spectacle*, Gallimard, Paris, 1992.

[DEL 02] DELMAS-MARTY M., *Libertés et droits fondamentaux*, Le Seuil, Paris, 2002.

[DEL 04a] DELMAS-MARTY M., *Le flou du droit*, PUF, Paris, 2004.

[DEL 04b] DELMAS-MARTY M., *Le relatif et l'universel*, Le Seuil, Paris, 2004.

[DEL 06] DELMAS-MARTY M., *Le pluralisme ordonné, Seuil*, Paris, 2006.

[DEL 11] DELMAS-MARTY M., WILL P. -E., *China, Democracy, and Law*, Brill, Leyde, 2011.

[DEL 80] DELEUZE G., Guattari F., *Mille plateaux*, Editions de Minuit, Paris, 1980.

[DER 01] DERRIDA J., *Writing and Difference*, Routledge, 2001.

[DWO 81] DWORKIN R., "What is equality? Part 2: Equality of resources", *Philosophy and Public Affairs*, 10, pp. 283–345, 1981.

[FER 07a] FERRY L., *Philosophie politique: Le droit. La nouvelle querelle des Anciens et des Modernes*, PUF, Paris, 2007.

[FER 07b] FERRY L., *Philosophie politique: Le système des philosophies de l'histoire*, PUF, Paris, 2007.

[FER 07c] FERRY L., RENAUT A., *Philosophie politique. Des droits de l'homme à l'idée républicaine*, PUF, Paris, 1999.

[FLE 96] FLEURBAEY M., *Théories économiques de la*

justice, Economica, Paris, 1996.

[FLE 05] FLEURBAEY M., "Freedom with forgiveness", *Politics, Philosophy and Economics*, vol. 4, pp. 29–67, 2005.

[FLE 11] FLEURBAEY M., MANIQUET F., "Compensation and responsibility", in ARROW K.J., SEN A., SUZUMURA K. (eds), *Handbook of Social Choice and Welfare*, vol. 2, North-Holland, Amsterdam, 2011.

[GER 05] GERNET J., *La raison des choses. Essai sur la philosophie de Wang Fuzhi (1619—1692)*, Gallimard, Paris, 2005.

[GUI 63] GUILLERMIT L., *Leçons sur la Critique de la raison pure de Kant*, Vrin, Paris, 2008.

[GUR 63] GURVITCH G., *Déterminismes sociaux et liberté humaine*, PUF, Paris, 1963.

[HAB 86] HABERMAS J., *Morale et communication*, Flammarion, Paris, 1986.

[HAB 98] HABERMAS J., *Between Facts and Norms: Contributions to a Discourse Theory of Law and democracy*, MIT Press, 1998.

[HAB 03] HABERMAS J., *L'éthique de la discussion et la question de la vérité*, Grasset, Paris, 2003.

[HAB 97a] HABERMAS J., RAWLS J., *Débat sur la justice politique*, Cerf, Paris, 1997, p. 19.

[HAB 97b] HABERMAS J., *Droit et démocratie*, Gallimard, Paris, 1997.

[HAN 59] HAN FEI ZI, *The Complete Works of Han Fei Tzu. A Classic of Chinese Political Science*, W. K. LIAO (ed.), 2 vol.,

Probsthain, London, 1959.

[HAN 10] HAN FEI ZI, *L'art de gouverner*, translated by LAVIS A., Presses du Châtelet, Paris, 2010.

[HAR 77] HARSANYI J., *Rational Behaviour and Bargaining Equilibrium in Games and Social Situations*, Cambridge University Press, Cambridge, 1977.

[HAY 07] HAYEK F., *Droit, législation et liberté*, PUF, Paris, 2007.

[HEG 65] HEGEL G.W.F., *La raison dans l'Histoire*, translated by PAPAIOANNOU K., Plon, Paris, 10/18, 1965.

[HEG 82] HEGEL G.W.F., *Principes de la philosophie du droit*, translated by DERATHÉ R., Vrin, Paris, 1982.

[HEG 91] HEGEL G.W.F., *Phénoménologie de l'Esprit*, Aubier, Paris, 1991.

[HEG 14] HEGEL G.W.F., *Science de la logique*, Aubier, Paris, 2014.

[HEI 13] HEIDEGGER M., *Essais et conférences*, Gallimard, Paris, 1958.

[HEI 13] HEIDEGGER M., *The Question Concerning Technology: And Other Essays*, Harper Perennial, 2013.

[HIL 04] HILD M., VOORHOEVE A., "Equality of opportunity and opportunity dominance", *Economics and Philosophy*, vol. 20, no. 1, April 2004.

[HON 96] HONNETH A., *The Struggle for Recognition: The Moral Grammar of Social Conflicts*, MIT Press, 1996.

[HOR 74] HORKHEIMER M., ADORNO T.W., *La dialectique de la raison*, translated by KAUFHOLZ E., Gallimard, Paris, 1974.

[HUG 09] HUGUENIN F., *Résister au libéralisme. Les penseurs de la communauté*, CNRS Editions, Paris, 2009.

[HYP 83] HYPPOLITE J., *Introduction à la philosophie de l'histoire de Hegel*, Le Seuil, Paris, 1983.

[JUL 96] JULLIEN F., *The Propensity of Things: Towards a History of Efficacy in China*, MIT Press, 1996.

[JUL 04] JULLIEN F., *Treatise on Efficacy: Between Western and Chinese Thinking*, University of Hawaii Press, 2004.

[KAN 71] KANT E., *Doctrine du Droit*, trad. Philonenko, Vrin, Paris, 1971.

[KAN 07] KANT E., *Critique of Pure Reason, Penguin* Classics, 2007.

[KAN 99] KANT E., *The Metaphysical Elements of Justice: Part I of the Metaphysics of Morals*, Bobbs-Merrill, Indianapolis, 1999.

[KOL 72] KOLM S.-C., *Justice et équité*, CNRS, Paris, 1972.

[KOL 96] KOLM S.-C., *Modern Theories of Justice*, MIT Press, Cambridge, MA, 1996.

[KYM 02] KYMLICKA W., *Contemporary Political Philosophy: An Introduction*, Oxford University Press, 2002.

[LAS 98] LASLIER J. F., FLEURBAEY M., GRAVEL N. *et al., Freedom in Economics*, Routledge, 1998.

[LEB 09] LE BLANC C., MATHIEU R. *Philosophes confucianistes*,

Gallimard, La Pléiade, Paris, 2009.

[LEI 69] LEIBNIZ G.W., *Essais de Theodicée. Sur la bonté de Dieu, la liberté humaine et l'origine du mal*, Garnier-Flammarion, Paris, 1969.

[LEI 15] LEIBNIZ G.W., *Theodicy*, Scholar's Choice Edition, 2015.

[LEN 12] LENOIR V.C., *De l'Indéterminé, entre Orient et Occident. Vérité et destin de la métaphysique*, Presses universitaires de Namur, Namur, 2012.

[LEV 99a] LEVINAS E., *Totality and Infinity, An Essay on Exteriority*, Duquesne University Press, 1999.

[LEV 99b] LEVINAS E., *Otherwise than Being, or, Beyond Essence*, Duquesne University Press, 1999.

[LEV 06] LÉVI J., Les *Œuvres de Maître Tchouang*, Paris, Editions de l'Encyclopédie des nuisances, Paris, 2010.

[LUH 81] LUHMANN N., *Aus differenzierung des Rechts*, Suhrkamp, Francfort-sur-le-Main, 1981.

[LUH 86] LUHMANN N., *Die soziologische Beobachtung des Rechts*, Metzner, Francfort-sur-le-Main, 1986, p. 33.

[MAB 13] MABILLE B., Hegel. *L'épreuve de la contingence*, Hermann, Paris, 2013.

[MAC 93] MACINTYRE A., *Quelle justice? Quelle rationalité?*, translated by Michèle Vignaux d'Hollande, PUF, Paris, 1993.

[MAN 96] MANENT P. , *An Intellectual History of Liberalism*, Princeton University Press, 1996.

[MAN 07] MANENT P. , *Naissances de la politique moderne*, Gallimard, Paris, 2007.

[MAR 82] MARX K., "L'Idéologie allemande", *Œuvres*, Volume 3, Gallimard, La Pléiade, Paris, 1982.

[MEI 08] MEILLASSOUX Q., *After Finitude. An Essay on the Necessity of Contingency*, Continuum, 2008.

[MES 99] MESURE S., RENAUT A., *Alter ego. Les paradoxes de l'identité démocratique*, Flammarion, Paris, 1999.

[MEY 97] MEYER-BISCH P. (coor.), *Fribourg Declaration on Cultural Rights*, accessible online, Fribourg, Switzerland, 1997.

[MUN 08] MUNCK J.D., ZIMMERMANN B. (eds.), *La liberté au prisme des capacités*, Raisons pratiques, Editions de l'EHESS, Paris, 2008.

[NAG 02] NAGARJUNA, *Stances du Milieu par excellence*, Gallimard, Paris, 2002.

[NAN 11] NANCY J.-L., BARRAU A., *Dans quels mondes vivons-nous?* Galilée, Paris, 2011.

[OWE 13] OWEN R., BESSANT J., HEINTZ M. (eds), *Responsible Innovation Managing the Responsible Emergence of Science and Innovation in Society*, Wiley and Sons, New York, 2013.

[PAR 17] PARETO V., *Traité de sociologie générale*, Pièrre Boven, 1917.

[PUE 90] PUECH M., *Kant et la causalité*, Vrin, Paris, 1990.

[RAW 95] RAWLS J., *Libéralisme politique*, PUF, Paris, 1995.

[RAW 05] RAWLS J., *Political Liberalism*, Columbia University

Press, 2005.

[RAW 09] RAWLS J., *Théorie de la justice*, Seuil, Paris, 2009.

[REN 99] RENAUT A., *Libéralisme politique et pluralisme culturel*, Editions Pleins Feux, Paris, 1999.

[RIC 91] RICOEUR P. , *Lectures 1. Autour du politique*, Le Seuil, Paris, 1991.

[RIC 03] RICOEUR P. , *The Just*, University of Chicago Press, Chicago, 2003.

[ROE 93] ROEMER J., "A pragmatic theory of responsibility for the egalitarian planner", *Philosophy and Public Affairs*, vol. 22, pp. 146–166, 1993.

[ROE 94] ROEMER J., *Egalitarian Perspectives*, Cambridge University Press, Cambridge, 1994.

[ROS 89] ROSANVALLON P. , *Le libéralisme économique, Histoire de l'idée de marché*, Le Seuil, Paris, 1989.

[ROU 67] ROUSSET B., *La doctrine kantienne de l'objectivité. L'autonomie comme devoir et devenir*, Vrin, Paris, 1967.

[SAL 08] SALAIS R., "Capacité, base informationnelle et démocratie délibérative", in DE MUNCK J., ZIMMERMANN B. (eds), *La liberté au prisme des capacité*, Raisons pratiques, Editions de l'EHESS, Paris, 2008.

[SAN 99] SANDEL M., *Le libéralisme et les limites de la justice*, Le Seuil, Paris, 1999.

[SAU 96] SAUNDERS P. , *Unequal But Fair? A Study of Class Barriers in Britain*, Institute of Economic Affairs, Civitas Choice in

Welfare Series no. 28, London, 1996.

[SAY 87] SAYER D., *The Violence of Abstraction*, Blackwell Publishers, Oxford, 1987.

[SCH 07] SCHMITT C., *The Concept of the Political: Expanded Edition*, University of Chicago Press, 2007.

[SCH 05] SCHEFFLER S., "Choice, circumstances and the value of equality", *Politics, Philosophy and Economics*, vol. 4, pp. 5–28, 2005.

[SEN 70] SEN A., *Collective Choice and Social Welfare*, Holden-Day, San Francisco, 1970.

[SEN 80] SEN A., "Equality of what?", in McMurrin (ed.) *The Tanner Lectures on Human Values*, vol. 1, Cambridge University Press, Cambridge, 1980.

[SEN 88] SEN A., *On Ethics and Economics*, Wiley-Blackwell, 1988.

[SEN 02] SEN A., *Rationality and Freedom*, The Belknap Press of Harvard University Press, 2002.

[SEN 05] SEN A., *Rationalité et liberté en économie*, Odile Jacob, Paris, 2005.

[SEN 10] SEN A., *The Idea of Justice*, Penguin Books, 2010.

[SMI 91] SMITH A., *Recherches sur la nature et les causes de la richesse des nations*, Flammarion, Paris, 1991, vol. 2, pp. 42–43.

[STR 65] STRAUSS L., *Natural Right and History*, University of Chicago Press, 1965.

[SUP 05] SUPIOT A., *'Homo juridicus' Essai sur la fonction anthropologique du droit*, Le Seuil, Paris, 2005.

[TAY 92] TAYLOR C., *Multiculturalism and "the Politics of Recognition"*, Princeton University Press, 1992.

[TAY 94] TAYLOR C., *Multiculturalisme. Différence et démocratie*, Flammarion, Paris, 1994.

[TER 07] TERRÉ D., *Les questions morales du droit*, PUF, Paris, 2007.

[TEU 89] TEUBNER G (ed.), *Autopoietic Law: A New Approach to Law and Society*, W. de Gruyter, Berlin, 1989.

[THO 15] THOMAS-FOGIEL I., *Le lieu de l'universel. Impasses du réalisme dans la philosophie contemporaine*, Le Seuil, Paris, 2015.

[TRI 10] TRIGANO S. (ed.), *L'universel et la politique des identités*, Editions de l'Eclat, Paris, 2010.

[VAN 93] VAN DE GAER D., Equality of opportunity and investments in human capital, PhD thesis, University KU Leuven, 1993.

[VUI 96] VUILLEMIN J., *Necessity or Contingency?: The Master Argument and its Philosophical Solutions*, The Center for the Study of Language and Information Publications, 1996.

[WAL 07] WALZER M., "Liberalism and the Art of Separation", in *Thinking Politically. Essays in Political Theory*, Yale University Press, New Haven and London, 2007.

[WAL 13] WALZER M., *Sphères de justice. Une théorie du pluralisme et de l'égalité*, translated by ENGEL P. , Le Seuil, Paris, 2013.

［WEB 59］WEBER M., *Le savant et le politique*, Plon, Paris, 10/18, 1959.

［WEB 04］WEBER M., *The Vocation Lectures: "Science as a Vocation"; "Politics as a Vocation"*, Hackett Publishing, 2004.